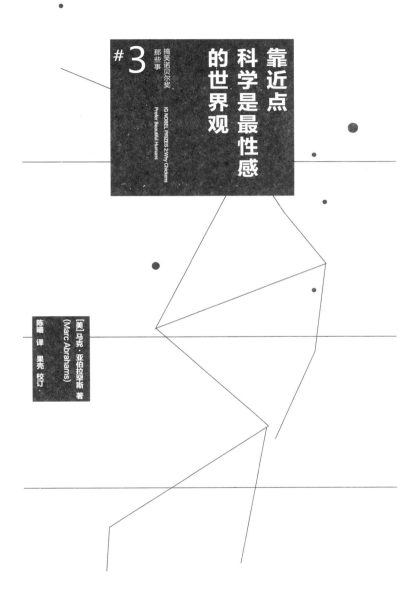

#3

搞笑诺贝尔奖
那些事

靠近点
科学是最性感
的世界观

IG NOBEL PRIZES 2:Why Chickens
Prefer Beautiful Humans

[美] 马克·亚伯拉罕斯
(Marc Abrahams) 著

陈曦 译 果壳 校订

ZHEJIANG UNIVERSITY PRESS
浙江大学出版社

contents

目录

contents

目录

contents

目录

致谢

首先我想把这份带着浓浓"搞笑"气息的特别的谢意送给我的妻子罗宾·亚伯拉罕斯（Robin Abrahams），以及西德·亚伯拉罕斯（Sid Abrahams）、马戈特·巴顿（Margot Button）、西普·希波斯坦（sip siperstein）、当·凯特（don kater）、斯坦利·埃根（Stanley eigen）、杰克·鲍姆（Jackie Baum）、乔·林（Joe Weinn）、盖瑞·德莱弗斯（Gary Drfoos），还要感谢的是哈佛-拉德克里夫物理系学生社团、哈佛电脑社团、桑德斯剧院的工作人员，以及哈佛大学售票处的工作人员、哈佛成人教育学院和麻省理工大学出版社书店。

我还要特别感谢雷格拉·诺兹利（Gegula Noetzli）和伊恩·马歇尔（lan Marshall）为出版本书所做的努力。

搞笑诺贝尔奖的颁奖礼之所以能成功举行，本书之所以能顺利出版，都离不开许多人的慷慨相助。其中我想特别感谢：

桑德拉·艾伦（Sondra Allen），美国科学促进会（the American Association for the Advancement of Science），艾伦·阿萨多兰（Alan Asadorian）和他的多兰照片冲印工作室，帮我们审稿的约翰·巴雷特（John Bradley），西尔弗瑞·吉姆布·莱迪特（Silvery Jim Bredt），英国科学促进会（the British Association for the Advancement of Science），艾伦·布罗迪（Alan Brody），杰夫·布莱恩特（Jeff Bryant），尼克·卡

斯托伊乌（Nick Carstoiu），乔恩·蔡斯（Jon Chase），凯斯·克拉克（Keith Clark），弗兰克·坎宁安（Frank Cunningham），调查员T·戴芬思（T·Divens），德勒斯顿玩偶歌唱组合（the Dresden Dolls），鲍勃·杜什曼（Bob Dushman），凯特·埃玻斯（Kate Eppers），史蒂夫·法勒（Steve Farrar），戴夫·费尔德曼（Dave Feldman），兰·芬戈尔德（Len Finegold），艾拉·弗莱托（Ira Flatow），斯蒂芬妮·弗里德霍弗（Stefanie Friedhoff），杰瑞·弗里德曼（Jerry Friedman），福山正一（Shoichi Fukayama），雪莉·格拉肖（Shelly Glashow）），玛丽·汉森（Mary Hanson），杰夫·赫尔墨斯（Jeff Hermes），达德利·赫斯巴赫（Dudley Herschbach），大卫·霍尔兹曼（David Holzman），凯伦·霍普金（Karen Hopkins），祖·丽塔·乔丹（Jo Rita Jordan），罗杰·考茨（Roger Kautz），杰拉德·凯利（Gerard Kelly），大卫·凯斯勒（David Kessler），沃尔夫冈·克特勒（Wolfgang Ketterle），霍平·哈波尔·克利（Hoppin' Harpaul Kohli），艾利克斯·科恩（Alex Kohn），莱斯利·劳伦斯（Leslie Lawrence），杰瑞·莱特文和玛姬·莱特文（Jerry and Maggie Lettvin）夫妇，芭芭拉·路易斯（Barbara Lewis），汤姆·莱勒（Tom Lehrer），哈利·利普金（Harry Lipkin），比尔·利普斯科普上校（Colonel Bill Lipscomb），茱莉亚·路奈塔（Julia Lunetta），负责发行杂志的马奥尼（Mahoney），洛依斯·马隆（Lois Malone），我们出色的纽约律师威廉·J·玛洛尼（William J·Maloney），钟园川菜馆（Mary Chung's Restaurant），米舍利娜·马修斯-罗斯（Micheline Mathews-Roth），米歇尔兄弟（Les Freres Michel），丽萨·穆林斯（Lisa Mullins），糟糕艺术博物馆（the Museum of Bad Art），史蒂夫·奈迪斯（Steve Nadis），格雷格·尼尔（Greg Neil），佩切克夫妇（the Flying Petscheks），哈丽特·普罗文（Harriet Provine），吉纳维夫·雷诺斯（Genevieve Reynolds），里奇·罗伯茨（Rich Roberts），奈拉·罗宾逊（Nailah Robinson），鲍勃·露

丝（Bob Rose），罗森堡一家的卡特丽娜、娜塔莎、西尔维娅、伊莎贝拉和丹尼尔（Katrina，Natasha，Sylvia，Isabelle and Daniel Rosenberg），露易丝·塞克（Louise Sacco），罗伯·桑德斯（Rob Sanders），安妮特·史密斯（Annette Smith），迈尔斯·史密斯（Miles Smith），克里斯·史尼比（Kris Snibbe），娜奥米·史蒂芬（Naomi Stephen），麦克·斯特劳斯（Mike Strauss），阿兰·西蒙兹（Alan Symonds），道格·坦格（Doug Tanger），艾尔·泰奇（Al Teich），《泰晤士高等教育增刊》（The Times Higher Education Supplement），皮科·托德（Peaco Todd），汤姆·乌尔里奇（Tom Ulrich），宝拉·华莱士（Paula Wallace），维丽娜·维洛赫（Verena Wieloch），鲍勃·威尔森（Bob Wilson），艾瑞克·沃克曼（Eric Workman），霍华德·扎哈洛夫（Howard Zaharoff），谢谢你们。最后一个大大的感谢送给马丁·加德纳（Martin Gardner）。

最后我代表全体同事一定要谢谢你们——所有"搞笑诺贝尔奖"的获奖者和每个参与提名的人，谢谢大家！

chapter 1

搞笑诺贝尔始末

难以置信，不可思议，却又无比真实

下面我要告诉你一些奇妙的事情，也许你会觉得这里面哪怕有一件是真的都已经能让人惊掉下巴，如果每件都是真的那简直是不可思议了！可是，没错，它们都确确实实发生过：

* 在印度，一名男子发起了一场政治运动，原因是……从法律意义上他被确认为"死亡"。

* 来自瑞典城市斯德哥尔摩的一系列测试证明，小鸡也喜欢俊男美女。

* 现在你可以租下整个国家（列支敦士登）来举办商业会议、婚礼和成人礼了。

* 一个英国人比较了现代人和古代雕像的阴囊不对称现象。

* 来自斯堪的纳维亚的志愿者们在低温环境中穿着湿漉漉的内衣，以帮助科学家们研究湿内衣对热舒适度的影响。

* 一个由瑞士、日本、捷克三国研究者组成的小组发现口香糖的口味可以影响到脑电波。

* 三个内科医生共同努力，制定出了一份解救被拉链夹住小弟弟的急救指南。

* 一对兄弟找到了把刺鼻的香水刮刮卡塞进杂志的方法。

* 一种来自日本的仪器可以把狗的叫声翻译成人类的语言。

* 一个美国工程师通过计算推出米哈伊尔·戈尔巴乔夫是反基

督者。

● 一名荷兰鸟类学家观察到绿头鸭有同性的恋尸癖行为。

上述事情中的人们以自己的方式为这个世界做出了特别的贡献，为了表达谢意，我们在及时而隆重的颁奖礼上为这些可爱的人们颁发了"搞笑诺贝尔奖"。

这个倒地的思想者图案，既是"搞笑诺贝尔奖"颁奖典礼的标志，也是《不大可能的研究年报》的标志，这本杂志里记录着"搞笑诺贝尔奖"的点点滴滴

什么样的研究才能赢得"搞笑诺贝尔奖"？唯一的评奖标准就是：这个研究会先让人发笑，再令人思考（当然思考的是什么就因人而异了）。其实这个口号是最近才改的，之前我们的评奖标准表述起来要复杂得多。一说到这个我就有点不好意思，从繁复到简洁花了我们十二年的时间，这才最终沉淀出这个通俗易懂的评奖标准。

在许多人的帮助下，我创立了"搞笑诺贝尔奖"，并召开了颁奖典礼，我还成为了"搞笑诺贝尔奖"理事会的主席，甚至还当上了颁奖典礼的主持人。同时，我还是一本幽默科学杂志《不大可能的研究年报》（简称 *AIR*）的编辑，而这本杂志就是每年"搞笑诺贝尔奖"获奖者及其研究的记录者。

之前我们出版过《笑什么笑，我们搞的是科学》一书，介绍了一些获奖者的有趣研究。而随着更多获奖者的出现，本书将继续向你讲述他们为这个世界作出的美好贡献——他们做了些什么，又为什么要投身其中。

这些获奖者们个个都是非常了不起的人，我对他们中的大多数都怀着钦佩之情。他们每一个人的故事，都能写成一整本书——其中有些人确实已经被写成一整本书了。比如，发明防熊盔甲的特洛伊·赫图拜斯（Troy Hurtubise），俨然已成了纪录片明星。他的经历如此与众不同，让我忍不住在两本书里都收录了他的故事。本书中写他的那一章叫做"比木马计更传奇的特洛伊故事"。

本书最后的附录中有一份完整的获奖者名单，也许正在看书的你会帮我们把名单变得更长——无论是提名一个未来的获奖者，还是干脆自己成为一名"搞笑诺贝尔奖"获得者。

"搞笑诺贝尔奖"是什么？

你可以认为获得"搞笑诺贝尔奖"的研究成果是好的、重要的、极具价值的，抑或你觉得它们不太好、很无聊、纯属恶搞。也可能这些属性兼有，因为这两种观点之间并非针锋相对。但我们唯一的评奖标准是，先令人发笑，再令人思考。

每年我们都会颁出 10 个奖。第一届颁奖典礼是在 1991 年举行的，而第十三届颁奖典礼则于 2003 年举行。十三年光阴荏苒，当我写下这些话的时候，已经有 130 个奖项找到了自己的归宿。

想要赢得"搞笑诺贝尔奖"可没那么容易！每年我们都会收到超过 5000 个提名，从里面挑选出 10 个获奖者真是个非常艰巨痛苦的任务。每年没有获奖的提名都会自动加入下一年的竞争行列，所以想胜出真是很难。

如果每年参与竞争的地区只有英国，想挑选 10 个优胜者就容易得多了，但这样对其他国家的候选人来说非常不公平。同样的，如果选择范围局限于日本、美国或者其他某几个国家，我们都不用评选得这么痛苦。但非常幸运的是，竞争真的很激烈！不管被提名者知不知道这场角逐的激烈性——其实他们中有些人甚至不知道自己参与了这么一场角逐……

毛遂自荐的人大约占被提名人数的 10%—20%，不过到目前为止毛遂自荐的人中只有一人获得了奖项。获奖者是来自挪威卑尔根大学的安德斯·巴黑姆（Anders Barheim）和奥涅·桑德维克（Hogne Sandvik），他们凭借有品位又美味的报告《淡啤酒、大蒜和酸奶油对水蛭食欲的影响》一举获得 1996 年"搞笑诺贝尔奖"生物学奖，这篇文章发表在了学术期刊《英国医学杂志》（*British Medical Journal*）1994 年 12 月出版的第 309 卷第 1689 页。

如果你成为"搞笑诺贝尔奖"的获奖者，也可以选择默默地放弃这项荣誉。到目前为止只有少数人拒绝了奖项，不过这些人拒绝的原因几乎都一样：有这么一个人（通常都是老板）平时就处处刁难获奖者，因此获奖者们不想因为得到这个"搞笑"的奖项而让此人又多一个刁难自己的理由。唉，说起来我们也有好些年都没联系上经济学奖的获奖者了，因为他们通常都有一项五到十五年的"合约"要履行，所以算了，随他去吧。

欢乐无边的颁奖典礼

每个获奖者都会收到在哈佛大学举行的颁奖典礼的邀请函。尽管路费需自理，但是大多数人都觉得典礼之精彩绝对值回票价。颁奖典礼在桑德斯剧场举行，这是哈佛大学最古老、最大也是目前而言最华丽庄严的聚会场所。每到"搞笑诺贝尔奖"之夜，典礼的票都全部脱销。整个剧场至少有 1200 人，观众们就差站到房梁上去了。许多观众整晚都会往台上扔纸飞机，台上的人们则会以机还机。

颁奖典礼的重头戏就是宣布 10 个新晋获奖者的名单。获奖者们从神圣的帷幕中走出来，站在舞台的中央，一位诺贝尔奖获得者（没错，是真正的诺贝尔奖获得者！）与他／她亲切握手后为其颁发"搞笑诺贝尔奖"。每个在场的人都那么开心和兴奋，即使不时被忽然听到、看到的奇思妙想惊呆，也会马上龇牙咧嘴地傻笑个不停。

"搞笑诺贝尔奖"的奖杯是全手工制作，每年都有一个全新的设计，并且由非常廉价的材料制成。每位获奖者亦会受颁一证书，证明他／她获奖的事实，证书由数位诺贝尔奖获得者签名。

我们喜欢节奏紧凑的颁奖典礼。每位获奖者致获奖感言的时间不能超过 1 分钟，为了确保这个时间限制被好好贯彻并防止有人唠唠叨叨说个不停，我们邀请了一个可爱的 8 岁小女孩坐在旁边当监察官。我们叫她"甜便便小姐"，并且在典礼一开始就会向大家介绍她，同时告诉大家，如果甜便便小姐觉得你唠叨了太长时间她就会向你表达不满。"甜便便小姐"表达不满的方法简单直接，就是走上领奖台，站在那个正喋喋不休的人旁边大声说："请停下，我讨厌！请停下，我讨厌！请停下，我讨厌！请停下，我讨厌！请停下，我讨厌！……"在"甜便便小姐"的不满宣言后，基本没人敢继续说下去了。

8岁的甜便便小姐告诉"搞笑诺贝尔奖"生物学奖获得者查尔斯·帕克斯顿（Charles Paxton）他的获奖感言太长了。帕克斯顿及他的三名同事凭借"英国养殖场条件下鸵鸟向人类求爱的行为"这一研究获奖。摄影：艾力克·沃克曼。图片来源：《不大可能的研究年报》

　　"搞笑诺贝尔奖"的颁奖典礼还有其他丰富多彩的欢乐节目。比如其中一个比赛环节叫"与诺贝尔奖获得者约会"，此环节中将会有一名幸运观众胜出并与真正的诺贝尔奖获得者约会一次。

　　还有一个环节叫做"微演讲"，在这个环节中几位闻名于世的杰出思想家将分享讲解自己最喜欢的话题。之所以叫做微演讲，是因为此环节规定演讲者必须先用24秒阐述自己的观点，再把中心思想用7个字以内的短语归纳出来。这个环节中的24秒时限由专业足球裁判约翰·巴雷特（John Barrett）先生监督。为巴雷特先生担任助手的是威廉·J.玛洛尼（William J.Maloney）先生，玛洛尼先生是一位非常出色的纽约律师，为了更好地完成监督工作他配备了一把小巧的锡制小号。玛洛尼先生要时刻监督发言者的措辞，确保观众们不会听到不雅的言辞。

除此之外，每年我们都会选一个科学话题排练一出迷你歌剧。演唱歌剧的可是由诺贝尔奖获得者组成的专业歌剧团哦！

颁奖典礼还有许多其他节目——这些节目不仅非常感人，还节奏紧凑（这多亏了甜便便小姐和她的同事们）。整个典礼过程会在网上现场直播。如果登录我们的网站 www.improbable.com，你还能看到过去几届的颁奖典礼。

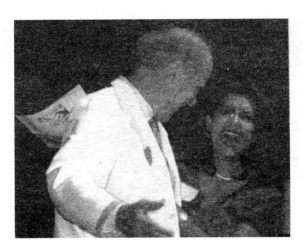

一名幸运观众"兑现了"她在胜出"与诺贝尔奖获得者约会"环节后的战利品——化学家达德利·赫施巴赫（Dudley Herschbach）。走，约会去喽！摄影：乔恩·蔡斯（Jon Chase）。图片来源：哈佛大学新闻办公室

颁奖典礼的两天后，当获奖者们从兴奋中放松下来恢复正常的时候，他们将用一个下午进行免费的公开演讲。演讲地点在麻省理工学院，距离哈佛大学3公里的地方。在演讲现场，观众们提问得

热火朝天，获奖者们更是兴奋地讨论各种合作的可能与方式，热烈的交流既让人捧腹又——至少理论上——可能有点吓人（浏览一下本书的内容你就会知道原因了）。

"搞笑诺贝尔奖"颁奖典礼通常在十月的第一个星期四或之后的一周之内举行。

"搞笑诺贝尔奖"颁奖典礼上，容纳1200名观众的剧场的一角。图的最右边是一尊巨大的石雕——这是矗立在桑德斯剧场舞台两侧的一对石雕之一。摄影：埃力克·沃克曼。图片来源：《不大可能的研究年报》

"搞笑诺贝尔奖"英国及爱尔兰之旅

每年三月，几位"搞笑诺贝尔奖"获得者会和我一道前往英国及爱尔兰的几个城市进行我们的头脑风暴之旅。这个活动由英国科学促进会组织，是他们一年一度的"国家科学周"的重头戏之一。首两次的旅行都是由《泰晤士高等教育增刊》(*The Times Higher*

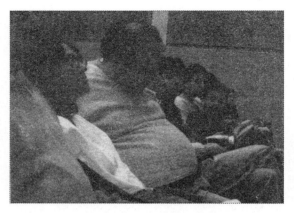

在哈佛大学热烈举行的"搞笑诺贝尔奖"颁奖典礼过去两天后，新晋获奖者们抽出一个下午免费进行公开演讲。观众们听得全神贯注。这张照片是"搞笑诺贝尔奖"获得者C.W.莫莱克（C.W.Moeliker）在2003年的演讲中拍摄的

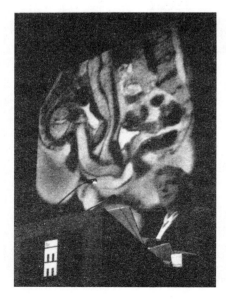

派克·凡·安德尔（Pek Van Andel），2000年医学奖获奖团队的领导者，他正在解释他们如何用核磁共振成像手段拍摄正在性交的夫妻的性器官以及他们这样做的原因。这张照片是由"搞笑诺贝尔奖"获得者C.W.莫莱克在2004年的"搞笑诺贝尔奖"英国及爱尔兰之旅中于伦敦拍摄的

C.W.莫莱克的样本绿头鸭，照片摄于2004年"搞笑诺贝尔奖"英国及爱尔兰之旅中都柏林的一家小酒馆。莫莱克凭借对绿头鸭的同性恋尸癖行为的研究赢得了一个"搞笑诺贝尔奖"。摄影：C.W.莫莱克

Education Supplement）协办并慷慨赞助的。

英国"国家科学周"的奇特之处在于整个活动时间其实将近两周，并且范围不仅仅限于英国国内。2004年的旅行就包含了9个城市的交流会，它们分别是牛津、诺丁汉、贝尔法斯特、都柏林、格拉斯哥、艾克赛特、曼彻斯特、伦敦和沃灵顿。

在各大城市的交流会上，通常每个"搞笑诺贝尔奖"获得者会先做一个5分钟的演说，之后回答**很多**问题。尽管演说的时间限制非常严格，但短短的5分钟却可以无比有趣又充满启发性。听听这些演说的题目，什么"现代人与古代雕塑的睾丸不对称性研究"，什么"英国养殖场条件下鸵鸟对人类的求爱行为"，或者是"史上首张夫妻性交过程中性器官的核磁共振成像"、"伦敦出租车司机大脑比其他市民更加发达的证据"，还有"不同处死方法可能带来的疼痛"、"绿头鸭的同性恋尸癖"、"用磁铁让青蛙悬浮"以及"如何租借列支敦士登"。

旅行交流会还会包括一场"搞笑诺贝尔奖"的招牌迷你歌剧表演，和观众席里飞上来的好多好多的纸飞机——如果那个城市允许这么做的话。

类似的"搞笑诺贝尔奖"之旅活动已经在澳大利亚和其他国家

慢慢启动了呢。

有争议？没关系

"搞笑诺贝尔奖"有时我们会成为争议的焦点。

有时候我们会碰到十分努力却没成功的人们，他们花了很大力气，精心、长期筹备只求为自己（或者是其他人）争得一个奖项，但换来的只有失望。

有时候我们会碰到跟我们的想法完全不同的人，他们狂热地崇拜着某些"搞笑诺贝尔奖"的获得者，因此愤怒的抗议说像这样的奖项根本配不上他们的偶像。

1995 年，我们遭遇的是英国政府首席科学顾问。罗伯特·梅（Robert May）爵士向"搞笑诺贝尔奖"理事会发了两封信，要求我们停止向英国科学家们——即使这些科学家愿意接受奖项——颁发"搞笑诺贝尔奖"。梅博士之所以会写这样的信，部分原因可能是因为 1995 年的"搞笑诺贝尔奖"之一被颁发给了一个英国的科研小组，他们研究的是"早餐麦片泡水后的物理化学过程"。这个小组的科学家们非常乐于接受奖项，却没想到"某个人"对此很不开心——而这个人竟然是他们政府的首席科学专家。紧接着是一场不大不小的风波。报纸、杂志和科学期刊都撰文表示"搞笑诺贝尔奖"的存在是件好事，反倒是"保守的官僚们"不那么好。"梅事件"，就像其他形形色色支持或者反对"搞笑诺贝尔奖"某些评奖结果的小事件一样，其实都不是坏事，没人受到伤害的争议可以说是种"可爱"的争议。

2002 年，大卫·金（David King）爵士——罗伯特·梅爵士的继任者，新任英国政府首席科学顾问——来到了"搞笑诺贝尔奖"的颁奖典礼，他不但参与颁奖，还在那一年的迷你歌剧中纵情高歌（只是歌唱水平实在不敢恭维）。第二年春天，他还参加了英国境内的"搞笑诺贝尔奖"之旅呢。

如何提名候选人？

获奖要求

● "搞笑诺贝尔奖"是颁发给那些"先令人**发笑**，再令人**思考**的"研究。

什么样的人有提名资格？

● 任何人都可以，尤其是你。

什么样的人有获奖资格？

● 来自任何地方的任何个人或者小组。

● 什么样的人没有获奖资格？

虚构的人，或者这个人以及他的成果无法被证实。

奖项种类

● 每个奖项都会有特定的种类。有些种类的奖项每年都有——例如生物学、医学、物理学、和平、经济学奖。有些种类（如安全工程、环境保护）则只在为了契合某些奇特研究的奇特属性时才会出现。

怎样发送提名信息？

● 首先请详细提供有关**被提名者**的信息以及他的成果。请务必保证信息详尽确切，使得评审们能立马明确这个候选人为什么有资格获得"搞笑诺贝尔奖"。另外请附上让评审们能够获得更多候选人信息的途径，以及（如果你知道的话）如何联络候选人。写信或者发电子邮件到：

美国坎布里奇 380853 邮政信箱
《不大可能的研究年报》收
邮编 MA02238
或 air@improbable.com
请注明"搞笑诺贝尔奖提名"

如果您想在寄出材料之后收到回复，请附上自己的电子邮箱地址或者一个已经写好地址贴上邮票的信封。如果您希望匿名提名，我们也会满足您的愿望。反正"搞笑诺贝尔奖"组委会会弄丢或者扔掉大部分记录。

更多详细信息可以登录《不大可能的研究年报》的网站（www.improbable.com）。您可以登记获取每月一封的免费简报。

温馨鼓励

就像每年颁奖典礼最后我们都会说的那句话："如果你还没拿到过'搞笑诺贝尔奖'——已经拿到过就更好了——来年好运！"

chapter 2
生命能够承受之重

　　有些人的生活确实比一般人更丰富更沉甸甸的。有这么一个人，活了不止一辈子。另一个人莫名其妙就变得特别出名，不过不少人认为他是虚构出来的。第三个人勇敢地保护自己对抗灰熊以及其他人类所承受不了的外力。

活死人骑士

　　"北方邦死者协会"中最著名的成员当数它的创立者拉尔·贝哈里（Lal Bihari）了。1975年当他向银行申请贷款时，发现自己竟然已经被自己的叔叔宣布死亡了，这个缺德叔叔先通过贿赂官员拿到了死亡证明然后又贿赂了土地登记处的人把贝哈里的土地转移到了自己名下。你怎么才能证明自己还没死，尤其是当这案子已经在法院卡了25年之久？拉尔·贝哈里选择了诉诸公众影响力——试图让自己被捕，参加国会议员竞选，诱导法院控告自己藐视法庭，写宣传小册子，组织自己的葬礼，为自己的妻子争取孀妇津贴，把Mritak（印度语"死亡"的意思）加到自己的名字里。他的这些所作所为本应该非常清楚地让公众知道他还活着，但这条"求生"路一走就是19年，从1975年开始直到1994年他才终于在地方法官的协助下证明自己还活着。经历了这样传奇的死而复生，拉尔·贝哈里毫无疑问地从其他"活死人"中脱颖而出。

——载于 2003 年 1 月 7 日的印度报纸《财经快报》

作者比贝克·迪布罗伊（Bibek Debroy）

这张模糊的照片摄于拉尔·贝哈里（图中穿着黑色马甲但没穿骷髅服装的人）组织的一次公共集会，旁边是他在"死者协会"的伙伴们。照片由拉尔·贝哈里友情提供

正式宣布

兹将"搞笑诺贝尔和平奖"授予：

来自印度北方邦的拉尔·贝哈里，以表彰他的三项成就：

1. 他过着充满活力的生活，尽管从法律意义上他已经死了；

2. 他"死后"发起了一场轰轰烈烈的运动，抗议官僚主义和他贪得无厌的亲戚；

3. 他成立了"死者协会"。

　　拉尔·贝哈里飞来横"死"又起"死"回生的奇妙故事被写进了世界各地的报纸杂志。这里列举其中三则：
　　《高等法院拯救阿兹姆格尔的"活死人"》，载于 1999 年 7 月 25 日的《印度快报》
　　《印度：不用转世，也能重生》，载于 2000 年 10 月 24 日的《纽约时报》
　　《"死者协会"与拉尔·贝哈里的故事》，载于 2003 年 1 月 7 日的《财经快报》
　　另外，印度制片人萨迪什·考希克（Satish Kaushik）正在拍摄一部以拉尔·贝哈里为原型的电影。

在"死"了好几年之后，拉尔·贝哈里忽然想到一个主意：公众的注意力也许能帮他走出困境。后来的事实证明，贝哈里的这个想法非常正确。

"死者协会"的成员其实都是大活人，但政府的官方记录让他们"被"死亡了。他们可以说是"死"于"文件谋杀"的倒霉蛋。一纸死亡证明就是他们加入"死者协会"的敲门砖。

在每个成员的故事里，都有这么个贪婪的亲戚或者无耻的朋友，为了霸占财产而去贿赂政府官员以伪造他们的死亡。这种非法行为做起来却十分容易。

拉尔·贝哈里正值大好年华，他的叔叔却宣告他在法律意义上已经死亡。一夜之间，土地没有了，连生命都在法律意义上消失了，拉尔·贝哈里不能接受，他抗争过，试图拿回属于自己的一切，却没有成功。之后的几年里，他发现北方邦居然有不少人有着跟自己相似的奇异遭遇。综合分析了形势之后，拉尔·贝哈里认为只有"非正常"手段才是他们找回自我的最大希望，于是他成立了"死者协会"。

《纽约时报》记者巴瑞·比拉克在 2000 年采访了拉尔·贝哈里，并在随后发表的采访报告中写道：

> 经过了漫漫 19 年的不懈努力，贝哈里先生终于找回了自己的法律身份，而在不断争取的过程中这名几乎没读过什么书的商人找到了他想要一生为之奋斗的目标：让其他人不再遭受类似的"被死亡"之苦。今年 7 月，当一名高等法院的法官得知竟然有几十人——甚至几百人——正深陷"被死亡"困境时，大为震惊。他命令北方邦政府

发布广告，找寻这些"活死人"们，并恢复他们的一切数据资料。国家人权委员会也就此事召开了听证会。"这些官僚们曾经惧怕魔鬼，而现在他们害怕死者协会的存在。"贝哈里先生说道，45岁的他十分开心的看到自己的努力终于换来了很多社会影响。

这位《纽约时报》的记者还采访了贝哈里先生的一些"活死人"伙伴，其中有一位是衣衫褴褛的安萨尔·艾哈迈德（Anser Ahmed）：

安萨尔·艾哈迈德，48岁，现在与寡母一起住在一个叫迈德哈帕的村子里。1982年他被宣布死亡，起因是自己的哥哥想要霸占家里那块小小的稻田。住着90户人家的迈德哈帕并不富饶，泥砖砌成的住房被田地和漂着泡沫的池塘包围。艾哈迈德"被死亡"的事情使得村民们分成了两派，认为这事不合理的人们给艾哈迈德先生及他的母亲提供住处，而支持他哥哥行为的人则把他当成不存在的幽灵。最近因为高等法院的施压，一名地方法官来到了迈德哈帕村，并在简短的调查询问后让艾哈迈德先生"死"而复生了。同时，他哥哥纳比·萨沃·卡汉（Nabi Sarwar Khan）受到刑事指控，并对财产变更的事情牢骚不断。"不就是打官司吗！"卡汉先生粗暴地回应说。随着案件越来越深入调查，几个无耻的亲戚和挑唆他们的腐败官员都被起诉了。

作为"死者协会"的领导者，拉尔·贝哈里不断的争取换来了很多关注。这些关注让搜集这个生活在阴影中的群体的信息变得更加容易。经过他的统计，仅在北方邦一个地区就有超过一万名活死人。

有个流传已久的笑话，说在美国的芝加哥市存在以其实已经过世的人的名义投票的现象，而这些票数在激烈的竞选中可能成为定胜负的选票。但在印度，在北方邦，笑话里的情景来了个反转并成为现实。因为被法律宣告死亡，许多活着的人都无法参加投票，不管他们多么渴望。印度官僚主义之严重让这些活死人完全没有机会实现自己的渴望，而且你可以想象，一个"已经死了"的热爱民主的人不管如何耐心辩解也丝毫不会改变那些印度官员的想法。

在不屈不挠的贝哈里的带领下（用他本人的话说，"你不能让一个好好的大活人一直'死'着"），"死者协会"放弃了温和的耐心辩解。他们转而使用高调浮夸的方式，让那些官员们越尴尬越好。他们举行政治集会；他们为自己举行公开"葬礼"；他们还试图故意让自己被捕，这样警察们就必须在逮捕令上写下他们的名字——这无疑就是一份他们还活着的官方证明；他们甚至去参加了竞选。

这么多招数，总有几个时不时的奏效。到目前为止已经有不少活死人"死"而复生了。这给大家带来了希望，持续吸引了公众的注意力，将来成百上千的活死人会陆续加入复活的行列。

但"死者协会"的抱负可不止这样。协会成员希望这些事情能让整个体系蒙羞，这样将来那些贪婪无耻的人就再也无法轻易为了私欲抹杀他人的存在。

拉尔·贝哈里先生**只差一点点**就能来参加"搞笑诺贝尔奖"的颁奖典礼了。

"搞笑诺贝尔奖"理事会真是费了好大力气才与贝哈里先生取得联系。先是一场特别安排的电话会谈，参与者众多且操着口音极为迥异的印地语。接下来的一段时间就是不停的接通电话聊一会断线再接通再聊再断线的过程，两种语言通过电子信号在麻省坎布里奇和阿泽姆格尔间交流着，阿泽姆格尔的一个小商店里有台传真机，可以把我们发送的消息传达给拉尔·贝哈里先生。

终于，事情取得了突破性进展。印度制片人萨迪什·考希克读到了拉尔·贝哈里先生的故事并亲自拜访了他，之后考希克决定以他为原型拍摄一部电影。当"搞笑诺贝尔奖"出现时，考希克自告奋勇表示愿意帮拉尔·贝哈里先生弄到护照来美国领奖，并支付所需费用。后来考希克真的成功了，印度政府为这位很久以前就被它宣告死亡的公民签发了一个护照。

但可惜贝哈里先生最终未能成行。美国驻孟买领事馆拒绝了拉尔·贝哈里先生来哈佛大学的请求。显然，"死了很久"对贝哈里先生来说还算不上是个主要问题。

萨迪什·考希克随后安排了他的同事马杜·卡普尔（Madhu Kapoor）小姐来参加颁奖典礼。在热烈的掌声中她代表贝哈里先生领取了"搞笑诺贝尔奖"，颁奖嘉宾是诺贝尔奖获得者达德利·赫施巴赫。卡普尔小姐告诉现场观众："有史以来第一次，活人为活死人颁奖。拉尔·贝哈里先生虽然早在1976年就'死'了，但他感觉好多了。"她代表这位"前死人"向大家表示了感谢，并承诺一定将这个奖交到贝哈里先生手上。一个月之后，在印度的颁奖典礼上，北方邦社会党的秘书长阿玛·辛格（Amar Singh）向拉尔·贝哈里转交了他的"搞笑诺贝尔奖"。

曾经害拉尔·贝哈里无辜枉"死"的缺德叔叔现在已经死了——无论是从法律角度生物角度还是其他角度。这位叔叔的儿子们现在是那块地的所有者。拉尔·贝哈里认为让他们留下那块地是个不错的选择，就让他们双手沾满尘土的污垢、心里装着沉重的羞愧活着吧。

墨菲定律的诞生

人类犯傻的能力是如此普遍而高超，到目前为止人类取得的任何成就都是一个奇迹。

——约翰·保罗·斯塔普（John Paul Stapp）
军医官及火箭滑车项目的人肉实验品

▌正式宣布▐

> 兹将"搞笑诺贝尔工程学奖"授予：
>
> 已故的约翰·保罗·斯塔普，已故的小爱德华·A.墨菲（Eward A.Murphy）和乔治·尼克尔斯（George Nichols），以表彰他们共同对 1949 年诞生的"墨菲定律"所作出的贡献。"墨菲定律"是工程学的基本准则，即"如果一件事情有两种或两种以上做法，其中一种会导致灾难性结局，则必然会有人选择这种做法"（换个简单点的说法就是，"凡是可能出错的事都会出错"）。

关于"墨菲定律"前因后果的详情以及约翰·保罗·斯塔普先生所发挥的重要作

用，请参见《地球上速度最快的男人》一文［《不大可能的研究年报》2003 年 9-10 月第 9 卷第 5 本，作者尼克·T·斯巴克（Nick T.Spark）］。这里所载的内容大部分基于尼克·斯巴克的研究。另有部分信息也可以在爱德华兹空军基地的博物馆中找到。

• •

对于大部分人而言，"墨菲定律"就等于"只要可能出错的事都会出错"。但很多人都不知道，真的有这样一个墨菲先生，他的全名叫小爱德华·阿洛伊修斯·墨菲（Eward Aloysius Murphy Jr）。更少有人知道，对于到底是谁想出了"墨菲定律"又是什么导致他想出这个定律，其实存在着争议。

不论"墨菲定律"如何诞生，我们确知的是它诞生于恼火的情绪中。

二战过后，美国陆军航空队（译注：美国空军的前身）在加利福尼亚州幕洛（Muroc）空军基地（即后来的爱德华兹空军基地）的沙漠中进行着一些吓人的实验。他们想知道人的身体最多可以承受多大的加速度。

这可不是为了满足好奇心而进行的实验，实验的目的是想知道如果把飞机建造的更坚固会不会有助于提高飞机坠毁事故中人们的生还几率。

项目工程师搭建了一个火箭滑车——一个金属框架，上面有一个座椅，下面则是轮子，整个设施后面固定有一个瓶装火箭。滑车可以在一段长长的笔直的轨道上滑动，且可以加速到 90 米 / 秒以上，之后再靠特殊的刹车系统在刺耳的声音中慢慢停止。

约翰·保罗·斯塔普是这个项目的军医官。他的医者仁心让他无法忍受亲眼目睹飞行员冒着生命危险参加滑车试验，于是他决定亲自上阵充当试验品。

这个项目的主要目的是测量滑车撞向阻碍物停止后试验人员所

能承受的最大加速度，但项目中还缺少一种至关重要的技术——一套可以测量加速度的电子传感器。

约翰·保罗·斯塔普驾驶火箭滑车。滑车被加速到每小时几百公里的速度，然后用尽可能短的时间忽然停止。照片由爱德华兹空军基地历史办公室友情提供

墨菲就是在这时出现在了故事中。幕洛空军基地的工程师听说在基地东边 3000 多公里外的俄亥俄州，有位墨菲上尉是电子学方面的专家。双方取得联络之后，空军基地的人员告诉墨菲他们需要怎样的设施，然后墨菲搭建好一套传感器并亲自送到了基地。

一名技术员安装好传感器后，火箭滑车也绑上了假人准备开始测试。测试了一次以后，工程师们看了一下传感器，读数竟然是 0，就像完全没有进行过测试一样。不知道什么地方出了错。

墨菲检查了传感器，马上发现了问题。负责安装的技术员把传感器装反了。

于是，小爱德华·A. 墨菲上尉感叹说……不管他具体说了什么，大意应该就是把眼前这种效应描述为"如果有任何方法在执行的时候是可能出错的，他们就一定会做错"。但没人把这句话记录下来。其实当时这只是一个沮丧的人随口评价了一下发生的事情。但很久

之后当人们讨论到这个情景时，关于墨菲这话到底说的是制造传感器的技术员，还是安装传感器的技术员，还是并无特指某人只是说出一个普遍存在的哲学原理，众人莫衷一是。

之后，墨菲把传感器重新按正确方法安装好，观看了一次成功的测试后就回家了。他在故事里的作用也到此为止。

之后，火箭滑车项目全力进行。

约翰·保罗·斯塔普乘着火箭滑车进行了一次又一次的实验，速度越来越快停车也越来越猛。他承受了超过 36 gs——即平常地球表面重力加速度的 36 倍——的巨大冲击。在那之前，工程师和医生们认为即使是这个数值的一半，人类也无法承受。因为这种错误的认识，当时的飞机都建造的较为脆弱，安全带也不够合理，使得很多在坠毁事故中本可以生还的人遇难。

这在当时是个大新闻，引起轰动的还有约翰·保罗·斯塔普在火箭滑车上壮烈试验的照片。在新闻发布会上，有人问斯塔普："你们是怎样做到在试验中没人受伤也没有什么更严重的事故发生的？"斯塔普回答说："因为我们一直按照'墨菲定律'做事。"然后他解释说每次真正开始做实验之前他们都会非常谨慎仔细地考虑任何可能发生的事。

记者们被这番话吸引了。他们开始向全世界宣传"墨菲定律"。然后一传十，十传百。

当墨菲本人知道"墨菲定律"的时候，已经是十五年之后。那时候，"墨菲定律"已经成了固定用语——很多种语言中的固定用语。

在不同的年代不同的地方，对于到底是谁发明了这个定律的说法都不一样，有时是斯塔普，有时是墨菲，甚至有人归功于乔治·尼克尔斯——约翰·保罗·斯塔普的挚友与仰慕者，滑车项目的负责

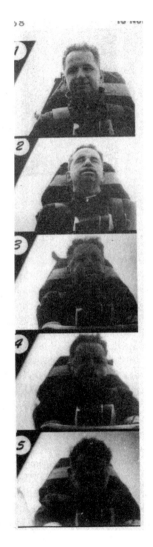

火箭滑车猛地停住过程中约翰·保罗·斯塔普被拍下的一系列照片

人。不过乔治·尼克尔斯既非墨菲的仰慕者也不是他的朋友。据乔治·尼克尔斯说，"墨菲定律"原本的命名用意只是想打趣一下墨菲而已。

墨菲于1990年去世，斯塔普也在1999年辞世。但这个定律却流传了下来。

为了表彰他们为了解人类作出的贡献，已故的约翰·保罗·斯塔普，已故的小爱德华·A.墨菲，以及乔治·尼克尔斯共同获得了2003年"搞笑诺贝尔奖"工程学奖。

斯塔普的遗孀莉莉无法出席"搞笑诺贝尔奖"的颁奖典礼。历史学家尼克·斯巴克代表她发表了获奖演说：

> 约翰·保罗·斯塔普曾说："有东西出错时带给人的沮丧感可以和恶魔带来的灾难相媲美。"不论他是不是那个创造了"墨菲定律"的人，他都希望"墨菲定律"会提醒人们：仔细考虑可能会出错的地方，和防止它出错的方法。

爱德华·A.墨菲三世代表他已故的父

亲接受了奖项。他说:"如果父亲还在世,一定会为自己拿到了这样一个奖而骄傲。其实不用拿奖,只要能被邀请参加这样一个有趣的盛典他肯定就高兴得不行了。"

爱德华·A.墨菲——也就是"墨菲定律"中的那个"墨菲"——在母校西点军校的学生年鉴中的照片,这之后又过了10年"墨菲定律"就诞生了

乔治·尼克尔斯本来计划要参加颁奖典礼,但由于身体状况欠佳他最终以录音的形式发表了获奖感言。在感言中他谨慎地表示,无论在什么地方一个优秀的工程师都应该对这个定律怀着敬意时刻警醒自己,同时他认为墨菲对于"墨菲定律"的贡献被夸大了。

搞笑诺贝尔之

多亏了约翰·保罗·斯塔普的努力,许多本来可能会丧生于坠机事件中的人幸存到了今天。其实不只是坠机,斯塔普向空军指出其实死于撞车事故的飞行员比死于坠机的飞行员更多。之后他在很长时间内坚持不懈地呼吁汽车和飞机装配安全带。1966 年美国政府通过了一项法案,强制汽车生产商为汽车配备安全带。这一进步很大程度上归功于斯塔普的不断游说和争取。对于斯塔普而言,他的行动正是"墨菲定律"最纯粹的诠释和关乎生死大事的实践:为任何可能出错的情况提前做好准备。

3 比木马计更传奇的特洛伊的故事

作为防熊套装的发明者，勇敢无畏的特洛伊·赫图拜斯被卡车撞过，被棒球棒打过，被工业用锯子锯过，还被从尼亚加拉断层边撞下去过。但在塑料与金属混合制作而成的马克6代和7代的保护下，39岁的赫图拜斯安然无恙地经过了这重重考验，并且已经信心满满的迎向下一个挑战——被一个20吨重的前端装载机撞一下。

——摘自 BayToday.ca 网站 2004 年 3 月 26 日的一篇报道
作者为记者菲尔·诺瓦克（Phil Novak）

正式宣布

兹将"搞笑诺贝尔安全工程奖"授予：

来自加拿大安大略省北湾市的特洛伊·赫图拜斯（Troy Hurtubise），以表彰他设计并亲自实验了一套对灰熊非常有效的防熊盔甲。

关于特洛伊·赫图拜斯的背景故事，可以参见《笑什么笑，我们搞的是科学》一书中的"坚固的灰熊盔甲的研发"一文。想要看会说话会动的特洛伊，可以去找一部叫做《灰熊计划》的纪录片，此片由加拿大国家电影局录制。更多关于特洛伊的信息和近期动向可在他的网站上找到：http://projecttroy.com/ 。

特洛伊·赫图拜斯——在加拿大荒野上奋斗的淘金者，与灰熊不期而遇却成功逃生的幸存者，用钛、牛皮胶布、冰球护具和其他讨来的材料制作防灰熊盔甲并亲身试验的设计师；在一棵 136 公斤的树从 9 米高砸下来的时候充当"盔甲试验员"；当一辆 3 吨重的卡车以时速 50 公里冲过来的时候（又一次）充当"盔甲试验员"；当装有大斧头、厚木板和棒球棍的巨大摩托车袭来时（再一次）充当"盔甲试验员"；被法院宣布破产并没收防熊盔甲后依然顽强撑过来继续自己的设计研究——对于特洛伊而言，冒险从未停止。

特洛伊之前那些著名的壮举已经广为人知，不过后面的故事依旧在继续。下面来简单说说最近特洛伊·赫图拜斯都经历了些什么吧！

特洛伊完成了新一代防熊盔甲的研制工作：马克 7 代，铛铛铛铛！看过纪录片《灰熊计划》的人都非常熟悉 6 代的造型，相比 7 代而言 6 代要简单粗糙一些，有种璞玉未琢的感觉，而 7 代则面貌一新光彩照人。可不要只从外表评鉴马克 6 代和 7 代哦，根据特洛伊的描述，马克 6 代

特洛伊·赫图拜斯和马克6代。照片由加拿大电影局友情提供

的设计目标是"抵御 270 公斤的灰熊的袭击"，而马克 7 代则升级为"抵御棕熊中体型更大的亚种——阿拉斯加棕熊的袭击，这个亚种的

熊可以重达 549 公斤，直立高度达 3.05 米"。

没错，阿拉斯加棕熊。阿拉斯加棕熊比灰熊体型更大。其实之所以会特别提到阿拉斯加棕熊，这里面还有一个故事，一个特洛伊穿着马克 6 代（可能还有内衣）与两头阿拉斯加棕熊正面交锋的故事。特洛伊家乡的报纸《（安大略）北湾市掘金报》（*North Bay Nugget*）是这样报道的：

> 特洛伊·赫图拜斯穿着马克 6 代的模样真的很吓人，一头 585 公斤的阿拉斯加棕熊用了 10 分钟才敢怯怯地靠近他，而旁边一头 157 公斤的灰熊压根不敢上前。这周周末，赫图拜斯——来自北湾市的发明家、纪录片明星——穿进了他无比坚固的盔甲进行试验；试验地点对媒体完全保密，因为他希望可以让盔甲经受真正的熊之考验，不受干扰。但事情的发展有些出乎意料，这头属于一位美国驯兽师的阿拉斯加棕熊被赫图拜斯吓到了，无法鼓起勇气走近他。
>
> 驯兽师考虑到这一人一熊的身量实在差得太多——这头熊直立起来有 3 米高，比全副武装的特洛伊还要重上 450 公斤——本来也不会允许棕熊离特洛伊太近。尽管赫图拜斯一心期待的可控熊袭并没发生，他的防熊盔甲依然以另一种方式经受了熊的考验，用他自己的话说，"试验很成功！"。为了让棕熊熟悉防熊盔甲，消除恐惧，驯兽师把拆散了的盔甲给了它。"棕熊把盔甲当成战利品，好像是它杀死的猎物一样，它把盔甲抱住拖到自己的地盘，然后整个身体压在胸甲上，"赫图拜斯说，"它把几块橡胶给扯掉了，但即使它把自己 585 公斤的体重都压上去，也没能把盔甲压坏。"

根据马克 6 代的测试结果，特洛伊开始着手设计打造马克 7 代。尽管升级后的马克还没机会与真正的阿拉斯加棕熊来一次正面交锋，但已经经过了重型工程车的测试。特洛伊穿着马克 7 代站在一堵砖墙前，一辆 20 吨重的前端装载机撞向他把他撞得穿过砖墙。但特洛伊毫发无伤。这段测试的视频已经放在了特洛伊的网站上。

特洛伊·赫图拜斯和马克6代。照片由加拿大国家电影局友情提供

马克 7 代的内部做了很多创新的改造——比如装了一个 7.6 厘米的液晶显示屏，一个电风扇，一个声控对讲机 和由头盔内的舌控开关控制的机械手臂。

但特洛伊并没有把自己的设计局限在防熊盔甲上。

他还发明了一种"防火浆糊"，并在 2003 年的加拿大探索频道的"每日星球"节目中演示过这种产品。在节目中，特洛伊戴上了一个冰球头盔并在上面涂上薄薄的"防火浆糊"，然后助手拿着喷灯向特洛伊的头喷火。赫图拜斯告诉记者：

> "防火浆糊"可以被用作美国航空航天局（NASA）航天飞机的机身涂层，只要 2.5 万美元，这样就不用花 6000 万美元为机身铺设高温陶瓷片了。
>
> 这种涂料可以抵御航天飞机返回地球进入大气层时产生的热量，并且可以轻松冲洗，便宜又便捷。

2004 年初，特洛伊获得了当今社会最特别最棒的荣誉之一。动画片《辛普森一家》用了整整一集向他致敬，剧中的爸爸霍默·辛普森（Homer Simpson）重现了温和版的特洛伊的创举。

　　特洛伊的事业会走向哪里，现在恐怕还没人能给出确切的答案。特洛伊对未来有着雄伟的计划，但也面临着不小的困境：他源源不断的发明和试验需要资金，但钱从哪来呢？他正在考虑要不要把马克 6 代和 7 代放到易趣上拍卖。马克 6 代现在还在破产法院的手里，但法院也非常乐于看到并鼓励特洛伊找到解决资金问题的方法。

　　特洛伊获得 1998 年"搞笑诺贝尔奖"安全工程学奖后，亲自参加了颁奖典礼并自豪地接受了奖项。听着他讲自己的故事，现场的观众——以及后来所有听到这些经历的人——都一边大笑一边惊叹他的创意。大部分人都对特洛伊的仔细谨慎赞叹不已。有些人会觉得这家伙可以算得上半个天才，有些人觉得他根本是半个疯子，但所有人都承认特洛伊是一个非常非常谨慎的人。最好的证据就是经过这么多技术创新的冒险之后，他还活着。

chapter 3

以小制胜

从细节入手，在小处制胜。大家都这么说。那让我们来讲讲下面三个跟"小"有关的搞笑诺贝尔故事吧。

列支敦士登招租中！

租下整个国家？列支敦士登帮你圆梦！

经过漫长的研究、讨论、协商和调整，今年一月份我们终于和列支敦士登旅游局签下了一份划时代的合同——世界上第一份将国家出租做商业用途的合同。消息一出，立即引起各大媒体的浓厚兴趣。这一会展旅游产业的全新概念吸引了众多媒体巨头的目光，其中包括路透社、英国广播公司（BBC）、美国有线电视新闻网（CNN）、《星期日泰晤士报》、《卫报》、《新闻周刊》和《旅讯》。

"国家出租"的详情将于四月份在Xnet的村庄出租网站（www.rentavillage.com）上公布。

无论您对于这一新鲜概念有什么问题或要求，我们都非常乐意解答回应。如果您还想参加2003年3月12日至23日的热身游以进一步熟悉了解列支敦士登，请在我们的网站上注册，我们将与您联络旅行详情。欲了解更多信息请联络卡尔·施瓦兹勒（Karl Schwarzler），他的邮箱是schwaerzler@xnet.li，电话号码004237911919。

——来自 2003 年 5 月 21 日的一则新闻稿

兹将"搞笑诺贝尔经济学奖"授予：

卡尔·施瓦兹勒和列支敦士登公国，以表彰他们把"出租整个国家以供商业会议、婚礼、成人礼和其他聚会之用"的想法变成了现实。

阿尔卑斯郁葱葱，

枝繁叶茂山谷中，

有个国家一级棒呀，

没错，列支敦士登！

按周出租服务好，

要啥有啥都能租，

风雨无阻不欺童叟，

真棒，列支敦士登！

想获取出租的相关资讯
请联络卡尔·施瓦兹勒
电话：00423 2301696
Info@xnet.li
www.rentastate.com

房东嘛，总有好有坏。总的来说，我们觉得列支敦士登——咳咳，列支敦士登公国——应该是个好房东。这地方干净整洁，邻里和睦，与它毗邻的国家似乎都与这个袖珍且自给自足的邻居相处融洽。

　　从 2003 年开始，这个迷你小国就在一家叫做 Xnet 的公司的协助下计划着把自己给租出去。Xnet 多年来一直帮助阿尔卑斯山附近的村庄开展出租业务，因此经验丰富，公司总经理卡尔·施瓦兹勒告诉记者们"整国出租对这个国家是件好事。一直以来它留给世人的印象就只有银行和'特殊'金融公司，而出租业务的开放将使人们看到列支敦士登不同的一面。"

列支敦士登。照片来自列支敦士登旅游局官方网站

　　英国《卫报》采访了一位名叫杰普·瓦恩里希（Jeppe Weinreich）的丹麦人，他每年都会在列支敦士登做一段时间的侍应生：

"出租国家？听起来很有意思。这里确实是个奇特的国度：全国只有 324 个失业者，面积比卢森堡还要小上12 倍都不止，只需要两个小时你就能把整个国家转遍，而监狱竟然小得只能装下 20 个犯人。所以为啥不把它租出去呢？也许这地方平静到有点无聊，但非常安全，即使走夜路也毫不危险——因为这是个富有的国家，"瓦恩里希先生补充道，"在别的国家，临时工都是从阿尔巴尼亚这种地方来的，但这里的临时工都是从挪威、瑞典、丹麦来的。"

尽管这样，可不代表列支敦士登的一切都可以出租哦。比如你就不能让这个国家的元首汉斯—亚当二世为你服务。这倒不是因为他本人缺乏商业头脑，事实上他曾经因为国内的政治家不愿给他更大的权利愤而威胁说要把自己的皇家城堡卖给微软总裁比尔·盖茨——或者随便哪个给得起钱的人——然后搬去维也纳。

列支敦士登自 1806 年宣布独立至今，两次世界大战中它都保持中立。你无法租借列支敦士登的军队，因为这国家根本没军队。不过别担心，可供租借的东西还是十分丰富的。湖泊，高山，两座城堡，还有 11 个村庄和很多很多的牛。这里宁静平和，远离尘嚣，一定可以抚慰你疲惫的身心。

你可以预约参加"夜晚滑雪橇加滑雪后的奶酪球派对"，你可以骑着自行车横跨这个国家——从奥地利骑到瑞士再骑回来，一天就能完成。你要是喜欢，一天骑几个来回都可以。

你可以在皇家葡萄酒酿造厂里嬉闹，然后再去皇家葡萄园寻宝。你可以看看城堡，或者干脆和鸟儿们来场猛禽秀（甚至把这场秀和公司的产品发布会结合在一起也很棒）。你可以下到老旧的矿井探险，然后再体会重见光明的欣喜。官方手册给出了更多令人惊喜的选择，其中包括：

- 和当地热情好客的主人一起住充满特色的小旅店或民宿
- 参加钥匙大抽奖来寻找后面几天的房东
- 抽奖之后参加由市长亲自颁发钥匙、铜管乐队伴奏、民间组织列席等环节组成的钥匙传递仪式
- 根据公司的喜好安排室外及室内的训练（比如酿酒厂一日游，走私体验游，等等）
- 提供与众不同的集会地点（农舍，雪砌成的圆顶小屋，博物馆或者城堡）
- 手工制作的大帐篷是晚间聚会吃饭的好选择（根据村庄的大小，此服务目标人数 250 人起）
- 重新布置及命名村庄：你可以用自己公司产品的名字命名街道，甚至把村庄的名字直接改成公司品牌

没错，按商业界的说法你能给列支敦士登"冠名"。不过你不能"先租后买"，也不能（这是要回答每个人都会问的问题）租借列支敦士登的女人或男人。至少官方承诺里可不包括这些。

为了表彰卡尔·施瓦兹勒和列支敦士登公国为舒适的食宿招待所作出的极具创新精神的贡献，他们将分享 2003 年的"搞笑诺贝尔奖"经济学奖。

卡尔·施瓦兹勒参加了搞笑诺贝尔奖的颁奖典礼。在谦逊地接受颁奖后，他站上讲台说道：

我谨代表我远在小国列支敦士登的同事们，向组委会表示衷心的感谢。我们的努力都是为了各位眼前看到的这片土地（施瓦兹勒先生指着投影到大屏幕上的列支敦士登的图片）。这里只有159平方公里，而且百分之八十的地方都是山地。这真是个美丽的国家，并且，恩，没错，你可以想租哪儿就租哪儿。谢谢大家。

颁奖典礼结束后，热情的观众们把他团团围住询问租金和列支敦士登是否允许租客养宠物等问题。而就在不远处，几个哈佛大学商学院的学生们一边仔细听一边认真地做着笔记。

"搞笑诺贝尔"经济学奖获得者卡尔·施瓦兹勒正在向大家解释租下列支敦士登是多么容易的事情。摄影：约翰·布莱德利（John Bradley）/图片来源：《不大可能的研究年报》

列支敦士登公国

旅行项目精选：

到皇家酿酒厂品尝美酒
品尝皇室葡萄酒后，再到皇家葡萄园去寻宝吧！

古登堡城堡
位于巴尔采斯的中世纪古堡，能够眺望到几乎整个国家的风景。对于想享受美食大餐和文化大餐的人们来说是个不可多得的好选择。

莱恩河谷之上 1000 米看夕阳
沿着小径一路走上悬崖，就会看到难以置信的美丽风景，之后您可以继续散步到人迹罕至的河谷，也可以举着火把原路返回。

把产品发布会和猛禽秀结合在一起

冈赞矿井
跨越重重障碍的地下之旅。非常适合用作领袖训练或冲突管理训练。

雪屋聚会
雪屋村庄，非常适合作为小组讨论室。

列支敦士登艺术博物馆
在这个品味非凡的地方，在鲁本斯和伦勃朗的画作边召开会议，一定是件惬意无比的事情。

玉米地迷宫
到莱恩河谷宽广的玉米地迷宫中来一场寻宝冒险吧！

一张列着超有吸引力的租赁旅游项目的宣传单

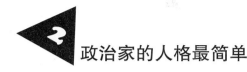

2 政治家的人格最简单

　　不妨把这种现象叫做"阿诺效应"。谁能想到，这位说话直来直去的好莱坞动作明星在赢得加州州长竞选后竟在遥远的德国引发争论，导致市民打电话要求政府高层使用简单明了的语言表达意见，谁再掉书袋就把谁从选举中踢出去。"他们说的话越难懂、越让人困惑，我们就越渴望能有一个说话简单直白的人上台。"德国《图片报》（ *bild* ）专栏作者弗朗兹·约瑟夫·瓦格纳（Franz Josef Wagner）如是写道，"不过唯一的问题是，那些说话简单的人可能不是合适的人选。"施瓦辛格在加州州长竞选中的胜利引发德国报刊社论，要求德国政治家们摒弃难懂的文绉绉的语句，改用"Klartext"（德语，意为有话直说）的方式。

　　　　　　　　　　　　——摘自 2003 年 10 月 16 日路透社的一篇报道

正式宣布

　　兹将"搞笑诺贝尔心理学奖"授予：
　　罗马大学的吉安·维托里奥·卡普拉（Gian Vittorio Caprara）和克劳迪奥·芭芭奈利（Claudio Barbaranelli），以及斯坦福大学的菲利普·津巴多（Philip Zimbardo），以表彰他们卓具洞见的研究报告《政治家的人格最简单》(Politicians' Uniquely Simple Personalities)。

他们的这份研究报告发表于著名科学期刊《自然》(*Nature*) 1997 年 2 月 6 日第 385 卷第 493 页。

科学家们解读复杂现象时往往会把它总结成几个数字。选民们也用同样的方法解读政治家。

即使是最简单的人也有着独一无二的复杂人格。但我们大部分人都能够通过相处大致判断出他人的品行性格，这种判断始终贯穿于我们的生活中，也不难做到。心理学家经过研究，认为他们找到了我们做这种判断的大概方法。为了便于分析，几乎每个人的人格都可以被归结为 5 个方面，其中最常见版本的"五大性格特质"罗列如下：

- 外向性
- 亲和性
- 尽责性
- 情绪稳定性
- 经验开放性

想要精确定义这五大特质并不容易，心理学家们为此争论不休。不过最重要的一点是，"五"个特质似乎就足以描述一个人的性格。不需要十个，也不需要二十个。只要五个。

卡普拉、芭芭奈利和津巴多的获奖研究报告

　　三位心理学家——吉安·维托里奥·卡普拉、克劳迪奥·芭芭奈利和菲利普·津巴多——很好奇，当人们评判政治家时也会应用这"五大特质"吗？毕竟人们对于一个政治人物的最终评判总是逃不出"好，我要投票给这个人"和"不，我不会投给他"这二者中的一个。

　　于是三位科学家开始思考，会不会有这种可能：为了方便起见人们会把政客的特质从五个进一步浓缩，甚至浓缩到只剩两个？

　　于是科学家们动手验证自己的想法，结果跟他们预想的一模一样。

　　卡普拉、芭芭奈利和津巴多走访了2000多名意大利人，让他们给一些名人写评价，供评论的名人包括：两位意大利总理候选人[西尔维奥·贝卢斯科尼（Silvio Berlusconi）和罗马诺·普罗迪（Romano Prodi）]，一位意大利国际名人[滑雪英雄阿尔贝托·通巴（Alberto Tomba）]和一位意大利本国名气较大的名人[皮波·巴多（PippoBaudo）]。受访的意大利公民们还被要求给自己写一些评价。

　　调查结果如下：

　　　　当人们在评判自己、电视明星或者运动明星的时候，基本都把他们的性格归纳为五个方面。但一到政客的身上，就只剩下两个方面——他或她是否精力充沛，以及是

这张照片摄于1956年前后，照片中是菲利普·津巴多和一只实验室的老鼠。津巴多后来成为闻名世界的伟大心理学家之一。照片由乔治·斯拉维奇（George Slavich）和菲利普·津巴多友情提供

否值得信任？

之后科学家们又在另一个国家重复了调查过程。他们让一些美国人依次评判自己的性格、总统候选人比尔·克林顿（Bill Clinton）和鲍勃·多尔（Bob Dole）以及篮球明星"魔术师"埃尔文·约翰逊（Ervin Johnson）。结果与意大利的情况如出一辙：政治家们的人格比其他人更简单。

正式发表的研究报告在结论部分用严谨的科学语言写道：

> 经过研究我们得出了结论，通过简化政治候选人人格的方法，投票者们为处理大量复杂信息找到了一种更有认知效率的策略，避免信息过量带来的困扰。这种做法可帮助他们决定投票给谁。

当宣布"搞笑诺贝尔"心理学奖得主时，获奖者菲利普·津巴多从帷幕后破"布"而出。诺贝尔奖获得者里奇·罗伯茨（Rich Robert，右边戴鹿角帽的人）正等在旁边准备为津巴多颁奖。"搞笑诺贝尔奖"工作人员汤姆·乌尔里奇（Tom Ulrich）帮忙拽着幕布。摄影：玛格丽特·哈特（Margatet Hart）。图片来源：《不大可能的研究年报》

2003 年"搞笑诺贝尔奖"心理学奖被授予了吉安·维托里奥·卡普拉、克劳迪奥·芭芭奈利和菲利普·津巴多，以表彰他们为帮助我们了解我们了解政客的方式所作出的努力。

菲利普·津巴多前来参加了"搞笑诺贝尔奖"颁奖典礼，在典礼上他从帷幕后猛地钻到了前台上，那精神头和热情一点不像是个 70 多岁的老人。当天，美联社对他进行了采访："津巴多表示这些研究可能对竞选者及其智囊们很有用。'这个搞笑诺贝尔，真的是个很奇妙的东西。以前我听说过这个奖项但所知不多。最初我觉得这奖项对研究者而言是种不敬和冒犯。'津巴多说。但现在他觉得获奖是种荣耀，并且希望公众能对他的研究产生兴趣。"

之后，津巴多在他的家乡加利福尼亚州接受了一次认真严肃的采访，他在采访中说："政客们总喜欢把自己想的复杂深沉，但投票者们则喜欢把他们简单化。"

在之后的几个星期中，许多人都带着既喜悦又有点说不上是什么感觉的复杂情绪，注意到了一个可喜的巧合。加利福尼亚州的居民参加了一场临时举行的选举，来重新选举——并很可能换掉——当时的加州州长。在 10 月 7 日星期二，距卡普拉、芭芭奈利和津巴多的研究报告《政治家的人格最简单》发表 5 年零 9 个月的时候，演员阿诺·施瓦辛格当选为加利福尼亚州第 38 任州长。

特林考斯（Trinkaus）：
一项非正式研究

为调查名词"integrity"（意为"正直；完整，完整性"）在社交对话中的使用，作者计数了该词在67.5个小时的电视脱口秀节目中的使用次数为7次，并得出该词的使用正在逐渐衰退的结论。

——摘自研究报告《对话中对"integrity"一词的使用：一项非正式研究》，作者约翰·W.特林考斯（John W.Trinkous），《感知与运动技巧》（*Perceptual and Motor skills*）第86卷第2册第585–596页，1998年4月出版

约翰·W.特林考斯正准备从诺贝尔奖获得者沃尔夫冈·克特勒（wolfgang ketterle）手里接过自己的"搞笑诺贝尔奖"。奖品——一块长达1微米的金条——就在克特勒教授手中的那个透明塑料盒子里……的某处。摄影：约翰·布莱德利。图片来源:《不大可能的研究年报》

兹将"搞笑诺贝尔文学奖"授予：

约翰·特林考斯，纽约市泽克林商学院的老师，以表彰他极为认真仔细搜集数据并发表超过 80 篇学术论文来详细阐述那些让他烦不胜烦的事，比如：百分之多少的年轻人戴棒球帽时把帽舌向后而不是向前；百分之多少的行人穿着白色运动鞋；百分之多少的游泳者就喜欢赖在浅水区游而不去深水区；百分之多少的司机把车停在离停车标志牌特别近的地方但就不停在标志牌旁边；百分之多少的通勤族拿着公文包；百分之多少的购物者明明拿了超过数额限制的物品却还是要排在快速结算通道；百分之多少的学生不喜欢花椰菜的味道。

特林考斯教授几乎所有的获奖文章都发表在学术期刊《心理学报告》（*Psychological Reports*）或其姐妹期刊《感知与运动技能》（*Perceptual and Motor Skills*）上。想看看特林考斯教授的 86 篇论文一览表及其研究的应用，可参考《特林考斯：一项非正式研究》一文，文章刊登在 2003 年 5-6 月第 9 卷第 3 册的《不大可能的研究年报》第 4-15 页。

有没有人会去分析统计那些没人在乎的小事物？

有，这个人叫约翰·W. 特林考斯，纽约市泽克林商学院的荣誉教授。在生活中，只要特林考斯教授看见了什么让他觉得闹心的事情，他就会不辞辛劳花费大把时间去仔细统计其中的规律——数量多少？发生的频率有多高？然后他就会写篇文章拿去发表。

特林考斯发表的论文数量众多（超过 90 篇）且短小精悍（几乎每篇都只有一两页）。文章涵盖生活中各种各样普通但能让特林考斯博士好奇或抓狂的事物。

一切都是从他成为陪审员开始的，他发现有些陪审团成员履行这项义务时老大不乐意的。后来这就成了特林考斯教授众多"非正式研究"报告的开端：发表于1978年的《陪审团义务：一项非正式研究》。在报告中，特林考斯教授总结道："所有有资格当陪审团成员的人可以被分成两大类：想当的和不想当的。"

从那之后，特林考斯还研究了很少为人所注意的停车场小细节、参加电视有奖竞赛的选手们的婚姻状况和许多其他小事物。

有多少购物者明明拿了超过数量上限的物品却还是排在快速结账的队伍里？想知道这个问题的答案，就要看看特林考斯1993年的文章《超市快速结账通道的物品上限遵守情况：一项非正式研究》。到了网络世界迅速发展的年代，这种情况又有何变化呢？请看特林考斯2002年的文章《超市快速结账通道的物品上限遵守情况：另一项非正式研究》。

暴风雪过后，有百分之多少的司机愿意清理掉车顶的积雪？请看《汽车顶上的积雪：一项非正式研究》（2003年）。

有多少人离开某个建筑时选择从一扇开着的门里出去，而非自己推开一扇关着的们？请看两篇研究报告《离开一栋大楼：一项非正式研究》和《离开：另一项非正式研究》。

特林考斯不厌其烦地搜集数据、发表报告，他研究过的生活现象远远不止上文提到的这些。

特林考斯的研究只是给出各种数字，并无其他。用他自己的话说，他的研究是刻意做得如此简单的。"对于很多事物人们都只能使用一些定性的词语来描述，所以我的研究更着重数字的统计。我想告诉大家，有时候除了'不少'、'很多'、'一些'这些描述方式，你还有其他选择。"

例如，他1991年发表的论文《花椰菜的味道偏好：一项非正式研究》就给出了干脆利落的数据：54% 的年轻学生们认为这种蔬菜"太难吃了"。

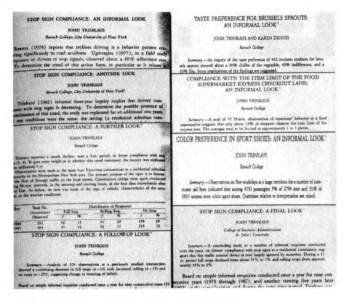

特林考斯教授获得"搞笑诺贝尔奖"的部分研究报告

1983 年特林考斯发表了《人与人的交流：一份非正式报告》，报告中阐述他"研究了 750 个乘坐慢速自助厢式电梯的人，观察这些人在别人询问'这电梯是向上的吗？'或'这电梯是向下的吗？'时是否会用最简单明了的方式回答别人。"

即使只看看他写过的文章的题目，也挺发人思考呢：

《停车标志的遵守情况：一项非正式研究》（1982 年）

《停车标志的遵守情况：另一项研究》（1983 年）

《内科医生诊所等候时间：一项非正式研究》（1985 年）

《停车标志的遵守情况：一项后续研究》（1993 年）

《停车标志的遵守情况：最后一项研究》（1997 年）

《关于面包店食物钳和纸巾使用情况的一项非正式研究》
（1998 年）

《停车标志的不遵守情况：一项非正式研究》（1999 年）

这一串文章题目显示关于停车标志的研究连绵不绝跨越了好多年。在与交通有关的研究中，特林考斯的数据显示最常见的情况是：开面包车的女性是最经常违反交通规则的司机。不过他并没解释为什么会发生这种情况。

特林考斯把目光投向了许多领域。"我只要四处看看，就会有想法产生。我都没有特意出去寻找研究课题。我只要随便看看然后说'啊！这个看起来不错。'"

《棒球帽怎么戴：一项非正式研究》，1994 年：

"在某个大城市闹市区以及两所大学校园（市区内与区外各一所）中观察到 407 名戴棒球帽时帽舌向后的人。在闹市区和内区的大学校园里，40% 的人戴棒球帽时帽舌向后，但在区外的大学校园里只有 10% 的人这样戴棒球帽。"

《"yes"之死：一项非正式研究》，1997 年：

"对疑问句报以肯定回答时，'当然'（absolutely）和'没错'（exactly）的使用频率可能正在超过'是的'（yes）。经过对几个电视节目中共 419 个问题的肯定回答的统计，249 个回答为'当然'，117 个为'没错'，53 个为'是的'。"

尽管有时候特林考斯会对该如何看待他的研究发现提出一些可能的解读角度，大多数时候他都会避免过度解读——甚至直接不解读——自己的发现，他对这一点颇为自豪。当约翰·W. 特林考斯发现某些有趣的东西可以统计时，他就去统计，但除此之外几乎不做其他什么了。在这样一个信奉"不发表论文就灭亡"的学术大环境中，特林考斯只是简单地统计着。

　　因为特林考斯教授如此重视生活中的小事，他获得了 2003 年"搞笑诺贝尔奖"文学奖。

　　特林考斯教授高兴地参加了颁奖典礼。终于有这样一个世界，一个迫切希望知道他更多的研究发现，迫切希望知道花椰菜口味是否受人喜欢、人们怎么戴棒球帽和开面包车的女人是否遵守交通规则的研究的世界，向已经 79 岁高龄的他送上了迟来的致敬。

　　特林考斯教授为颁奖典礼准备了好多好玩的故事，而桑德斯剧场里的观众们带着惊讶、好奇和一丁点点的迷惑，热切地听着。但是 8 岁的甜便便小姐觉得超过 60 秒以后她就不想听了。她冲着特林考斯教授说："请停下，我讨厌！请停下，我讨厌！……"特林考斯教授事先已经听说了甜便便小姐的厉害，所以有备而来。他拿出一个棒棒糖想要贿赂甜便便小姐。甜便便小姐大步走过去接受了糖果，并礼貌的说了"谢谢"，一转身就马上继续发表意见："请停下，我讨厌！请停下，我讨厌！……"小小地挣扎了一下之后，特林考斯教授还是投降了。

chapter 4

种族间的和平与和谐

人类与不计其数的其他物种共享着这个美丽的星球。但我们的关系并非总那么和谐。这一章的三个获奖故事讲述的是那些让和平共存更容易的技术突破。

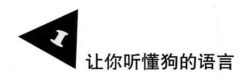

让你听懂狗的语言

福田纪美子（Kimiko Fukuda）一直都想知道她的吉娃娃想跟她说什么。每当她想化妆的时候，这只小狗总是会扯她的袖子。但现在，她知道了。当爱犬冲她叫时，她只要看看一部手掌大小的机器，屏幕上就会显示翻译成人类语言的狗叫声："请带我一起去吧。"住在东京郊外的福田说："这样我就能知道它的真实感受了。"

——《华盛顿邮报》对"狗语翻译机"（Bow-lingual）用户福田纪美子的采访报道，2003 年 8 月 14 日

▌正式宣布 ▌

兹将"搞笑诺贝尔和平奖"授予：

日本 Takara 公司总裁佐藤庆太（Keita Sato）、日本听觉实验室主席铃木松美（Matsumi Suzuki）博士和木暮兽医医院执行董事木暮宣夫（Norio Kogure）医生，以表彰他们为发明自动"狗语翻译机"（Bow-Lingual）、促进物种间和平和谐共处所作出的努力。

更多更完备的技术信息可上"狗语翻译机"网站 http://www.takaratoys.co.jp/bowlingual/index.html 查询。

木暮医生在一本叫做《我是小狗，我会自己告诉你有关我的一切，汪！》（*I, Dog，Will Tell You Everything About Myself*）的书中描述了自己的大部分研究。此书在 2003 年由菲尔德·Y 出版社出版。

铃木博士在《狗语翻译机：我第一次与狗狗交谈的那天》（*Bow-Lingual:The Day I First Talked to Dogs*）一书中描述了"狗语翻译机"的研发过程，此书在 2003 年由竹书房出版。

· ·

　　有一种很古老的说法，认为狗是人类最好的朋友。不论这种说法准确度有多少，人与狗之间的友谊却是伴随着并不顺畅的交流存在的。狗似乎能够很好地理解人类的意思——至少他们想了解人类。但大多数人类对狗的语言了解甚少，绝对不比他们理解苏美尔语（译注：一种公元前 2000 到前 3000 年就已经灭绝的古语言）的程度好多少。2002 年，一项之前处于半保密状态的技术项目向大众公开。来自三个不同组织的科学家、工程师与一群特别爱"说话"的狗狗们集结在一起。经过多年的辛苦研究和测试，他们向这个世界奉上了前人做梦也想不到的发明："狗语翻译机"（Bow–Lingual），一个可以把狗叫声翻译成现代日语的电子器械。

　　当然，"狗语翻译机"可不是靠凭空乱猜制造出来的产品。整个产品研发过程可以分为三个阶段。

　　铃木松美博士的主要研究是分析各种录制的声音，其中包括多种动物发出的叫声。经过长年的多种电子音频分析，他研发了一套理论可以用来解释海豚的叫声所传达的信息，这次的狗叫声研究也是脱胎于海豚叫声的研究。铃木博士在其他声学领域也同样是传奇般的人物。他重现了长毛猛犸象的叫声。他参与协助了一些亚洲范围内都很知名的要案的侦破——其中包括菲律宾的贝尼格诺·阿基诺（Benign Aquino）刺杀案，韩国航空炸弹事件，奥姆真理教地铁毒气事件，格力高／森永巧克力投毒案（据说此案中臭名昭著的罪犯"怪人二十一面相"曾给铃木博士寄来一个便条奚落他，上面写着"嗨，铃木，研究声音的家伙，科学分析做得不错嘛！"）。

在和同事们共同获得"搞笑诺贝尔奖"和平奖一年之后，日本Takara公司的梶田正彦（Masahiko Kajita）出席了2003年的颁奖典礼，并向诺贝尔奖获得者（从左向右）威廉·利普斯科姆、达德利·赫施巴赫和（带着绿色鹿角帽的）里奇·罗伯茨送上了"狗语翻译机"。摄影：玛格丽特·哈特。图片来源：《不大可能的研究年报》

  队伍的第二个部分是木暮宣夫医生，作为木暮兽医医院的院长，他用自己几十年积累下来的专业知识解读狗的行为。

  队伍的第三部分也是最庞大的一部分就是负责设计制造和客户测试（人类客户和狗类客户都要测试哦）的人员，进行地点是Takara公司及其技术性分公司Index公司。这个小组由"狗语翻译机"产品研发者梶田正彦带领，由Takara公司总裁佐藤庆太监督。梶田是个染着一头金发的精力充沛的人，有时候他的状态就像是一只生来就无比活跃的大狗，投入地与同事们和狗狗们一起叫着、听着、分析着、设计着、测试着，为了创造属于自己的历史而奋斗着。

  把狗的语言翻译成日语可不像表面看起来这么简单，其复杂程度甚至超出任何人的想象。毕竟，狗的品种实在太多了。语言学家们不敢肯定任何两个品种的狗是否会使用同一种语言，所以"狗语翻译机"的发明者不辞辛苦地设计和测试了许多种电路，并把它们全部浓缩到一个小小的机器里。因此"狗语翻译机"的用户可以把机器调到以下任何一种狗"方言"状态：万能梗，秋田犬，阿拉斯加雪橇犬，美国可卡，美国斯塔福郡梗，澳大利亚牧牛犬，澳大利亚牧羊犬，巴辛吉，巴吉度猎犬，猎兔犬，伯恩山犬，长卷毛白狮子狗，寻血犬，博德牧羊犬，波士顿梗，弗兰德牧羊犬，拳师狗，布列塔尼猎犬，布鲁塞尔格里芬犬，牛头梗，斗牛犬，斗牛獒犬，凯恩梗，骑士查理王小猎犬，切萨皮克海湾寻回犬，吉娃娃，中国冠毛犬，中国沙皮犬，松狮犬，牧羊犬，达克斯犬，达尔马提亚犬，杜宾犬，英国可卡犬，英国激飞猎犬，猎狐梗，法国斗牛犬，德国牧羊犬，德国短毛向导猎犬，德国硬毛向导猎犬，大型雪纳瑞，金色寻回犬，大丹犬，大白熊犬，哈瓦那犬，爱尔兰长毛猎犬，意大利灵缇犬，杰克罗素梗，日本仲，拉布拉多寻回犬，拉萨犬，马尔济斯犬，獒犬，迷你杜宾犬，迷你雪纳瑞，纽芬兰犬，古代英国牧羊犬，蝴蝶犬，哈巴狗，博美犬，迷你贵宾犬，标准贵宾犬，玩具贵宾犬，葡萄牙水猎犬，八哥犬，罗德西亚脊背犬，洛特维勒牧犬，圣伯纳德犬，萨摩耶犬，比利时犬，苏格兰梗，喜乐蒂牧羊犬，柴犬，西伯利亚哈士奇，丝毛梗，爱尔兰软毛梗，维希拉猎犬，威玛猎犬，威尔士柯基犬（卡迪根），威尔士柯基犬（潘布鲁克），西部高地白梗，惠比特犬，以及约克郡梗。饲养其他品种狗狗的人就只能接受时不时发生的误译了。

因为发明了世界上第一个自动把狗语翻译成人类语言的掌上翻译电脑并因此促进了种族间的和平、和谐共处，佐藤庆太、铃木松美博士、木暮宣夫医生、梶田正彦和他们的同事共同获得了 2002 年

"搞笑诺贝尔奖"和平奖。

　　三位共同发明者一起参加了"搞笑诺贝尔奖"颁奖典礼，并随身携带了"狗语翻译机"、几套后备电池（以防万一而已）、一个人类翻译（帮他们把日语翻译成英语）和一个穿着狗西装的人。好吧，这个穿着狗西装的人后来被发现是铃木博士的儿子。面对大家的询问（大家真的很想知道），铃木博士和其他发明者才淡定地说，小铃木先生并不是参加这漫长测试过程的狗狗之一。

　　颁奖典礼过后两天，梶田先生和铃木博士在麻省理工学院做了一次公开演讲。尽管他们在演讲中努力把重点放在技术方面，观众中的数学家、工程师和生物学家们似乎更关心另一个问题。他们提出，什么时候会有英语版的"狗语翻译机"呢？

　　获得"搞笑诺贝尔奖"为"狗语翻译机"吸引了来自世界各地的关注。那些因为不能和爱犬顺利交流而倍感困扰的主人们狂热地想要突破这个语言障碍。生产厂家被订单挤爆了，这疯狂的需求量是发明者们和参与实验的狗狗们都没预料到的。之后的一年中，韩语版"狗语翻译机"和英语版"狗语翻译机"相继面世。《时代周刊》认为"狗语翻译机"是"年度最佳发明"。来自许多国家的人们强烈要求翻译机的法语版、西班牙语版、中文版、阿拉伯语版、德语版、印地语版以及……其他所有语言版赶快上市。来自很多地方的很多人都开始给予自己的狗狗更多关注。

　　随后第二个半保密状态的项目向世人公开："猫语翻译机"，把喵喵声翻译成人类语言的机器。"猫语翻译机"的面世为发明者们带来了一个新的但不太严重的问题——更多的需求，迫切的或没那么迫切的需求——要求发明针对各种哺乳动物、鸟类、爬行类、鱼类或者昆虫的翻译机。这个世界，可能还有发明家们，都无法确定在不远的将来还会有哪些翻译机来到我们身边。

让鸽子飞向别处

那是1988年，当我们对神话英雄日本武尊的雕像进行例行维护的时候，惊奇地发现基座处一点鸟粪也没有。我们第一次宣布这个发现时根本没人感兴趣。但我们还是决定分析研究这尊雕像，看看是什么因素让鸟类不愿意靠近它。

——杂志《周刊新潮》采访广濑由纪夫教授的报道，此报道发表于

2003 年 5 月 29 日

▌正式宣布▐

兹将"搞笑诺贝尔化学奖"授予：

金泽大学的广濑由纪夫（Yukio Hirose），以表彰他对金泽市一座铜像的化学性研究并找到了这座雕像不吸引鸟类的原因。

广濑教授还没有针对自己的研究发表正式的学术论文，但研究细节可以在他位于金泽大学的办公室和不少媒体资料（例如，全日本新闻网的电视节目于 2003 年 5 月播出过的研究报告）里找到。

就像每一座高山的山顶都覆盖着白雪，每座室外雕塑的头上也一定顶着一层白色的鸽子粪——至少大家都是这么认为的。而广濑由纪夫证明这个被广泛传播的说法并非事实，给这个世界的好奇心又带来了一个惊喜。

很多人都喜欢跟鸽子聊天，但几乎没人懂鸽语。不过现在我们发现，化学可能是跟鸟儿们交流的更有效的方式，比什么日语英语西班牙语汉语叽里呱啦语都强多了。广濑由纪夫发现这个奥秘，是在他注意到有一群鸽子总是被"某些东西"吸引之后……

金泽市的兼六园中，有一座神话英雄日本武尊的雕像。这座引人注目的雕像有很多值得品味和赞赏的地方，但作为一个科学家，广濑教授注意到的是雕像非常干净崭新。人类历史上的雕像如此众多，但这一座却与众不同——鲜有鸟儿来访，自然也没有被它们投下青睐的便便。

这座雕像年代久远，所以几乎没有什么建造时的技术细节可查。看不出它有何特别之处，让它从广大雕像中脱颖而出、洁身自好。

广濑教授化验了一小块金属样品，发现原来它的成分很不寻常。这是一种铜铅合金，在雕像的铸造中并不常见——不过检验出的另一种元素也很出人意料。雕像的铜中含有砷的成分。

砷本身当然是有毒的。但当砷元素与铜铅合金相结合时它还具有毒性甚至因此使得生物不愿靠近吗？问题的答案并不明朗，所以广濑教授做了一些实验。

他小心地准备了一些新的青铜样品，组成成分与雕像的材料类似。他把这些样品锻造成薄片，让鸟儿可以停在上面方便。

这个实验揭示了问题的答案。鸟儿们完全不愿意在金属片上多呆，甚至不愿意靠近它们。因此广濑教授得到结论，雕像的秘密力量不再是个秘密。这只是化学原理。

从那之后，教授又做了一些更深入的实验。他希望——正如数百万热爱雕像（或者只是喜欢在雕像边歇脚发呆）的人们所希望的那样——这个发现可以改变世界。他正在研发一项技术，这项技术成熟后可以以很简单的方式保护雕像们不受鸽子、乌鸦以及其他会飞的家伙们的侵扰，并且不会伤害这些可爱的鸟儿。

因为对鸟儿和青铜的细致检验和充满想象力的实验方法，更因为给一个看起来毫无希望解决的问题带来了解决的希望，广濑由纪夫获得了2003年度"搞笑诺贝尔奖"化学奖。

广濑教授和他的妻子参加了"搞笑诺贝尔奖"颁奖典礼。他的获奖感言同他的研究一样谦逊无私。"我要特别感谢，"他说，"金泽的那些鸟儿，是它们给了我研究的灵感。"

2003年"搞笑诺贝尔奖"化学奖得主广濑由纪夫正在扫视观众，旁边是1976年诺贝尔化学奖得主威廉·利普斯科姆正准备向他颁奖。广濑教授为全世界热爱雕像的人们带来了希望之光。摄影：约翰·布莱德利。图片来源：《不大可能的研究年报》

当教授站上桑德斯剧场的讲台，谦逊地接受 1200 名观众和 4 名诺贝尔奖获得者的掌声、称赞和祝贺时，他不禁发现桑德斯剧场有两尊巨大的穿着长袍的历史人物雕像（你能从本书前面的照片中看到其中一个）。这两尊古老的雕像分立舞台两侧，高高地俯视着下面的人和事。有许多伟大的著名的政治领袖、学者和艺术家都曾站上桑德斯剧场的舞台，但在这座剧场 150 年的历史中，几乎没人想过为什么这两座雕像如此干净。它们当然干净了。它们可是室内雕像，头顶的屋檐为它们挡风遮雨。在雕像世界中，它们就是有特权的贵族，对那些饱尝生活艰辛的兄弟姐妹雕像一无所知。

多亏这位叫广濑的科学家坚定地完成了自己饱含好奇心和辛勤劳动的研究，很快那些室外的雕像们也可以扬眉吐气，再不用担心头上忽然掉下一坨让人不快的便便了。

3 小鸡也爱俊男美女

我们对小鸡进行训练，使它们只对一张平均化的女性面孔有反应而对男性没反应（或者刚好相反）。在之后的测试中，它们显示出与人类审美（实验参与者为大学生）一致的对俊男美女的偏好。

——摘自已发表的研究报告《小鸡也爱俊男美女》（Chickens Prefer Beautiful Humans）

▍正式宣布▍

兹将"搞笑诺贝尔跨领域研究奖"授予：

斯德哥尔摩大学的斯特凡诺·格兰达（Stefono Ghirlanda）、里塞洛特·詹森（Liselotte Jansson）和玛格努斯·安奎斯特（Magnus Enquist），以表彰他们撰写了有趣的研究报告《小鸡也爱俊男美女》。

研究发表在学术期刊《人类天性》（*Human Nature*）2002 年第 13 卷第 3 册第 383-389 页。

人类的审美是否超出其他生物的理解范围？瑞典的一个三人科学家小组决定找出这个问题的答案。

通常来说，人类是喜欢鸡的。有些人把鸡当成宠物宠爱，有些人喜欢吃鸡肉，还有人喜欢讲关于鸡的笑话。比如，一个经典的美国笑话就是"为什么鸡要过马路？因为它想走到另一边去。"

通常来说，鸡也是喜欢人类的。或者至少它们喜欢其中的一些。只要给它们机会，它们就会选择可爱的人类——保证真的是很可爱的人类哦——而不是那些没那么好看的人。这多亏了斯特凡诺·格兰达、里塞洛特·詹森和玛格努斯·安奎斯特所做的细致工作。这个科研小组来自斯德哥尔摩大学，格兰达和詹森都是安奎斯特教授手下的研究生。

想要知道鸡是不是更喜欢漂亮的人而非普通甚至丑陋的人容易做到吗？一点也不容易，尤其是当研究者们想得到一个可靠答案的时候。整个项目——整个测试过程——必须非常严谨细致。很多细节都要考虑到。

格兰达、詹森和安奎斯特测试了6只小鸡的好恶。这些小鸡全部是家鸡。它们看的全部是人类面部的照片，而这些人类全部属于现代人类。

这些小鸡被训练成了很有经验的电脑使用者，会熟练地啄出电脑屏幕上显示的图片。不过呢，很重要的一点是，这些小鸡仍然本性纯良，以前可从来没有人要求它们啄过电视里的面孔。

格兰达、詹森和安奎斯特训练鸡去辨认各项指标都非常平均化的脸。它们教母鸡只啄男性的脸，教公鸡只啄女性的脸。每只鸡都必须达到75%的准确率才算"毕业"。（平均来说，每只小鸡"毕业"所需的训练时间是7个小时多一点。）

等小鸡们训练完毕，好玩的就开始了。它们将看到一组7个人的面孔，其中有男有女，有些非常漂亮，有些则外貌平平。小鸡们想啄哪个就可以啄哪个。结果是，母鸡们选择了更英俊的男性面孔，而公鸡们则偏爱美貌的女性。

你也许会问，如何比较鸡的审美同人类的审美是否一致？格兰达、詹森和安奎斯特当然也想知道答案。于是他们招募了 14 个大学生，让他们从之前的 7 个面孔中做选择。当然他们不用去啄图片，只要挑出图片就好。

学生们的选择基本跟小鸡一样，他们更喜欢选出美丽异性的面孔。这样看起来美丽的标准似乎是公认的。不过格兰达、詹森和安奎斯特还是坦率地报告说"我们没法完全肯定鸡和人类处理面部信息的方式是完全一样的。"

有些非专业人士可能会问："难道这些科学家除了鸡和美女之外没有其他东西去研究了吗？"这个问题的答案也许会让一些人失望：当然有。实际上他们研究的东西非常多。比方说，安奎斯特教授就对促使配偶维持关系的自然力量很感兴趣。他 1999 年发表的论文"女性害羞的进化史"（The Evolution of Female Coyness）就有个非常不错的"欲拒还迎"的开头：

> 一夫一妻制物种中的雌性在繁殖之前需要一段求爱期。鉴于雌性想要成功繁殖后代必须依赖雄性的协助，这种"害羞"的行为可能是为回应雄性的"挑逗"而进化出来的。在本文中我们将用一个动态优化模型来演示……

他甚至还探索了"流言"是如何作为一种促进力量让配偶们在一起的。

这三位科学家都对动物在群体中的行为以及这些行为对人类的

意义很感兴趣。因此在这种研究方向下，"小鸡也爱俊男美女"的研究很自然地应运而生了。

从左到右依次为：玛格努斯·安奎斯特，里塞洛特·詹森和斯特凡诺·格兰达。他们正在接受颁奖。后方投影屏上的大图是讲解小鸡对一个美貌的人会如何反应的配图。摄影：玛格丽特·哈特。图片来源：《不大可能的研究年报》

因为检验了小鸡也爱美人的说法，斯特凡诺·格兰达、里塞洛特·詹森和玛格努斯·安奎斯特共同获得了 2003 年"搞笑诺贝尔"跨领域研究奖。

三位获奖者一同出席了颁奖典礼。斯特凡诺·格兰达从他的家乡罗马赶来（在完成了这项美妙的研究并拿到博士学位后他回到了家乡）。里塞洛特·詹森和玛格努斯·安奎斯特一起从斯德哥尔摩飞来。有趣的是，从瑞典斯德哥尔摩到麻省剑桥的旅程，恰恰是诺贝尔奖获得者们获奖后从瑞典王国衣锦而归的路线。与他们相比，詹森和安奎斯特的领奖之旅不但低调得多，连方向也反了。

斯特凡诺·格兰达代表研究团队致获奖感言：

> 谢谢大家。这个获奖感言的开头我不知道重写了多少遍，但后来我意识到也许这个开头并不需要多么文采飞扬。所以，我只想感谢我们的小鸡和每一个支持我们研究的人，包括我们的家人、学校，我本来想来观礼的妈妈，我本来就不会来的女朋友，以及没时间一一感谢的其他每一个人。

CHICKENS PREFER BEAUTIFUL HUMANS

Stefano Ghirlanda, Liselotte Jansson, and Magnus Enquist
Stockholm University

We trained chickens to react to an average human female face but not to an average male face (or vice versa). In a subsequent test, the animals showed preferences for faces consistent with human sexual preferences (obtained from university students). This suggests that human preferences arise from general properties of nervous systems, rather than from face-specific adaptations. We discuss this result in the light of current debate on the meaning of sexual signals and suggest further tests of existing hypotheses about the origin of sexual preferences.

KEY WORDS: **Facial attractiveness; Handicap principle; Receiver bias; Sexual selection**

获奖报告的扉页

典礼结束之后，观众们意犹未尽地离开桑德斯剧场时，听到几位教授说三位获奖者本身都是非常英俊美丽的人物。那么三位的美貌会分散 6 只小鸡的注意力吗？一场友好又激烈的争论又迅速在人群中蔓延。

关于"小鸡为什么更爱俊男美女"这个萦绕于大家心头但可能永远找不到答案的问题，研究者们是怎么说的呢？格兰达、詹森和安奎斯特说，他们的研究"显示对人类外貌的偏好来源于神经系统的一些基本属性，而不是因为某些与面部有关的适应性改变。"或者说得通俗易懂点：小鸡爱美人很可能是因为鸟类的大脑非常"人性化"。

chapter 5

想象力的价值

很少有人真的了解金钱。而那些了解金钱的人的理解又彼此不同。这一章我们要介绍 4 个跟钱有关的获奖研究。

垃圾债券

> 迈克尔不仅是一个极具才干和创造力的天才，也绝对是这世上最贪婪、冷酷、只认钱不认人的人之一。
>
> ——摘自《强人的聚会》（*The Predators' Ball*）一书中一位前同事对迈克尔·米尔肯（Michael Milken）的评价

▌正式宣布▌

> 兹将"搞笑诺贝尔奖经济学奖"授予：
> 华尔街巨头、垃圾债券之父迈克尔·米尔肯，全世界都欠他的。

有几本书中都描写了米尔肯、他的成就以及他给这个世界留下了什么。其中最好的两本分别是康妮·布鲁克（Connie Bruck）的《强人的聚会：美国企业兼并纪实》（*The Predators' Ball:The Junk-Bond Raiders and The Man Who Staked Them*）（西蒙和舒斯特出版社 1988 年出版）和詹姆斯·斯图尔特（James Stewart）的《贼巢》（*Den of Thieves*）（西蒙和舒斯特出版社 1991 年出版）。

在迈克尔·米尔肯横行江湖之前，劣等公司债券几乎无人问津。但米尔肯，一个其貌不扬、声音单调、带着丑得出名的假发的人，却一手成就了奇迹。他让投资界疯狂地热烈地无可救药地爱上了"垃圾债券"。

在那疯狂的几年中，人们把几十、几百亿的钱都砸进这种风险最大最垃圾的投资中。然后米尔肯的生意越做越大成为业内巨头。无数人的人生毁于一旦，无数公司破产，而迈克尔·米尔肯也蹲了几年监狱。

但无论如何，最后的结果是迈克尔·米尔肯进账数十亿美元。所以这个故事的结局可以说是不错的。

迈克尔·米尔肯几乎是独力发掘出了垃圾债券的巨大价值。即便在 20 世纪 80 年代米尔肯的全盛时期，也鲜有人明白甚至关心垃圾债券到底是什么。他们明白的、关心的只有迈克尔·米尔肯说的"投资这个你就能发大财"。

债券是什么？债券是一纸借据，上面写着一家公司（或者政府）承诺在某个时候给你一笔钱。只要这个承诺算数，这张纸就值钱。如果这个承诺不那么可靠，这张纸的价值就很难说了；而这种不可靠的承诺就叫做"垃圾债券"。

米尔肯先是成功说服大大小小的公司制造这些垃圾债券，然后又成功地把这些债券卖给全世界。

米尔肯先以低价买入大量垃圾债券，然后马上转手以高得多的价格卖出。当别人制造或买卖垃圾债券时，他也会从中获取佣金。在米尔肯最辉煌的一年中，官方数据显示他赚了 55 亿美金，而实际数额远高过这个数字。

米尔肯崛起几年后，杂志《美国新闻和世界报道》（ *US News and*

World Report）用赞叹的语气描述了他点石成金的本事：

> 作为 20 世纪 80 年代盛行的垃圾债券市场的缔造者和统治者，米尔肯可以在几个小时之内集资数十亿美元，这笔钱足以供那些收购艺术家们把美国商界搞个天翻地覆，或是让新贵公司们上升为改变整个行业的巨头。

许多垃圾债券最后都会变得一文不值，买了这些债券的人到头来会把整个身家赔个精光。很多依靠垃圾债券重振雄风的公司最终还是逃脱不了崩溃破产的结局。

但垃圾债券本身并非迈克尔·米尔肯最伟大的成就。正如许多卓越非凡的人一样，他的伟大之处在于找到了改变世界的方法。

米尔肯是许多大型企业和金融机构大起大落的参与者和见证者，这剧烈的起落也激发了他的灵感。事实证明垃圾债券是一种全新而又惊险刺激的手段，为 20 世纪 80 年代那些大胆嚣张的金融大鳄们的"恶意收购"游戏注入了全新的推动力。

每年米尔肯都会出资在比弗利山庄举办一次奢靡的聚会，招待那些潜在的公司侵夺者和垃圾债券投资者，这里到处是美食、名流和电影明星［例如弗兰克·西纳特拉（Frank Sinatra）和戴安娜·罗斯（Diana Ross）等等］，很多报道声称这里还有妓女。这一盛事被冠以一个动听的名字：强者聚会。

只要有垃圾债券和足够的冷酷大胆，可以说随便什么小破公司都能买下任何庞大稳定的企业。很多人尝试了，有些人成功了。而每当一个小破公司疯狂地用蛇吞象的方式吃下一个大公司后，最典型的结果是"消化不良"——经济崩溃。

正是因为垃圾债券的存在，使很多在那个年代本不可能发生的大公司瞬间瓦解事件变为可能。垃圾债券还使得美国一些大型的储蓄贷款银行（一种专门银行）急速膨胀为平日的几倍并随后迅猛发展。

迈克尔·米尔肯完全改变了经济局势。而他得到的回报，除了多得难以想象的金钱，还有 1991 年的"搞笑诺贝尔奖"经济学奖。

获奖者无法出席，或不愿出席颁奖仪式。他因政权诈骗和一系列相关指控被判处 10 年监禁（及 60 亿美元罚款），后来被减刑为 2 年监禁，20 亿美元罚款，加 3 年假释期。他被终身禁止再从事证券行业。

出狱之后，米尔肯开始做业务顾问。没过多久，美国证券交易委员会就投诉称他给出一些咨询意见的行为违反了假释条例。1988 年，因为这些新的起诉米尔肯又缴交了 4.2 亿罚款，并上交了他这些违法收入的利息。

尽管许多人都把迈克尔·米尔肯描绘成一个超级大骗子，但至少有一位专家给了他一个乐善好施的评价：

> "迈克尔·米尔肯积极支持医疗教育事业 25 年，证明了自己足以跻身美国最杰出的慈善家行列。因为他和家人在过去 30 年中为诸多领域捐赠了约 750 亿美元，《价值》杂志将他排在最慷慨慈善家排行榜的第 6 位（比尔·盖茨之后，洛克菲勒兄弟之前）。"这个透着点昧心劲儿的评价被放在迈克尔·米尔肯个人网站（www.mikemilken.com）的显眼处。估计是他自己写的。

鉴于迈克尔·米尔肯孜孜不倦地给人们教训、让大家了解到垃圾投资的真实价值，其实这个世界真"欠"他一个感谢呢。

发笔 "国难财"

巴特拉将会成功致富且大错特错。

——宾夕法尼亚大学经济学家 J. 斯考特·阿姆斯壮（J.Scott Armstrong）在 1988 年为莱维·巴特拉（Ravi Batra）的书《1990 年大萧条》（*The Great Depression of 1990*）所写的书评中这样写道

正式宣布

> 兹将"搞笑诺贝尔经济学奖"授予：
>
> 南方卫理公会大学的莱维·巴特拉，精明的经济学家和畅销书作者，著有《1990 年大萧条》（17.95 美元，约合 114 元人民币）和《撑过 1990 年大萧条》（18.95 美元，约合人民币 120.7 人民币），以表彰他靠大卖特卖自己之著作以一己之力挽救世界经济于崩溃边缘。

德克萨斯州达拉斯市，一个孤独的男人震惊了世界。很显然，他这次依旧是独自行动。

他精选的武器是两本畅销书，分别出版于 1985 年和 1988 年，再辅以常常在电视和广播上以专家身份讲话，以及报酬丰厚的巡回演讲。

他想要挽救这个即将崩溃的世界。很明显，他成功了。

很多专业经济学家默默地辛勤工作，思考那些公众认为微不足道或者觉得太过深奥的问题。但莱维·巴特拉不是这种经济学家。

下面这个莱维·巴特拉的小简介就贴在他自己的网站（www. ravibatra.com）上，可能是他自己写的：

> 莱维·巴特拉博士，达拉斯市南方卫理公会大学经济学教授，5 本畅销书的作者。他曾在 1977 年 –1980 年任系主任。在 1978 年 10 月，学术期刊《经济调查》（*Economic Inquiry*）从美国和加拿大所有大学中评选出的 46 位 "明星经济学家" 中，巴特拉排名第三。1990 年意大利总理向他颁发了意大利参议院奖章，以表彰他正确预测了苏联的解体。

巴特拉教授成功预测了不少事情。

1985 年他写了一本叫做《1990 年大萧条》的书，这本书当时由一个小出版公司出版。1987 年此书再版的时候，却是由大得多也活跃得多的出版公司 "西蒙和斯舒特" 承办了。

这本书的开头是这样写的："很少有人真正知道经济大萧条是什么样子。" 巴特拉教授举出了一些让人听了就灰心丧气的细节（"股票市场崩溃；物价、利率和工资都像多米诺骨牌一样一个接一个崩塌……突然之间大家变成了穷人，很快数以千计的人濒临饥饿边缘。")他特别强调这一次的大萧条与近几十年来的任何一次都不一样并且糟糕得多。巴特拉教授解释说即将到来的经济萧条将是"历史上最严重的经济危机"。

这本书像 1929 年经济大萧条一样，冲击了大部分地区。

1988 年西蒙和斯舒特出版社又推出了莱维·巴特拉的一本新书——《撑过 1990 年大萧条》。书的封皮上这样写道：

> 在他那本全国热卖的畅销书《1990 年大萧条》中，莱维·巴特拉教授解释了为什么我们正面临着一场史无前例的经济大崩溃。而他的新书则要告诉我们如何撑过这场灾难——甚至在这场灾难中大获全胜，而其他人能够勉强度日已算走运。

这本书同样很快打入畅销书排行榜。

巴特拉教授的警告化解了大萧条的危机。他的大作卖得太火爆，以至于成功地刺激了世界经济。因此，1990 年没出现大萧条。

在其中一本书的最后一章开头，他这样写道："我可能是史上唯一一个真诚希望自己的预言完全落空的先知了吧。"

巴特拉教授的真诚希望实现了。他的预言真的落空了。

鉴于以上伟大成就，他赢得了 1993 年"搞笑诺贝尔经济学奖"。

获奖者无法出席，可能是不愿出席颁奖仪式。

在后来的岁月里，巴特拉教授依然继续着自己的事业，他观望世界经济格局，尽职尽责地寻找着经济崩溃的可怕前兆。

他写了一系列新书和新文章，警示大家注意一些小规模的金融灾难。最为人熟知的当属 1988 年初出版的《1998 和 1999 大股灾》

（ *Stock Market Crashes of 1998 and 1999* ），书中解释了为何到时东南亚的经济灾难会拖垮全世界的股市。可能是因为巴特拉教授的警告，也可能因为这本大作热卖再次刺激了全球经济，1998 年和 1999 年股市没有崩溃。

莱维·巴特拉的这两本书成功阻止了一场世界级的经济灾难

到了 1999 年，他又出版了一本新书预测千禧年到来之时会有一场大灾难。他所在的大学为了纪念这个新书出版的好日子，专门发了一则新闻稿：

在《千禧年灾难：撑过即来的通胀大萧条》一书中，巴特拉预言了美国金融市场将在 2000 年中期开始出现衰败迹象，并于新世纪崩溃。这次灾难带来的破坏将主要发生在 2000 和 2001 年。

新闻稿中还包括教授本人的一则声明：

> 我预见到未来两年内美元将会崩溃，美国将会经历一场通胀引起的经济萧条。不管现在这个预言听起来多么不真实，须知我所有的预言在刚被预见到时听起来都很不真实。

可能是因为巴特拉教授的警告，也可能因为这本大作热卖再次刺激了全球经济，在后来的两年中美元没有崩溃，美国也没经历通胀萧条。

出版业记录分析了莱维·巴特拉《千禧年灾难》一书的相关情况，并分析了很多其他类似的畅销书。出版业杂志《出版者周刊》提出了一个问题："为什么在经济趋势完全无视巴特拉教授的预言的情况下，还有这么多读者都愿意看他的书听他的理论？"随即杂志自问自答地写道："他是个很棒的作家，能把大量难懂的数据写得读来毫不痛苦，又把灾难的发展过程写得动人心魄。"

《印度日报》曾对巴特拉做过介绍，他们尊称其为"厄运预言者"。巴特拉教授把这则文章放在了自己的网站上。从结尾部分我们可以瞥见这位金融先知的内心世界：

> 巴特拉践行的基于价值观的密宗式冥想要求他过着圣洁的生活，恪守道德原则，不欺骗，不说谎，不吃肉，献身于社会服务，反对不公正。这种冥想还包括高能量的关于宇宙存在的冥想。这不为盛名所累的丰富的头脑，正在着手准备下一本书。

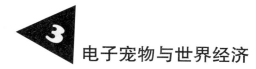

3　电子宠物与世界经济

见证奇鸡的时刻马上就要来了——你的电子鸡要出生了！想要唤醒它，首先请将纸质标签拔出。然后按一下电子蛋背后的"重置"键（不要太用力哦，里面有个小婴儿呢）。

——摘自官方《电子宠物照顾指南与记录本》（*The Official Tamagotchi Care Guide and Record Book*）

▌正式宣布▌

　　兹将"搞笑诺贝尔经济学奖"授予：

　　日本千叶市 Wiz 公司的横井昭裕（Akihiro Yokoi）和东京万代公司的真板亚纪（Aki Maita），电子宠物之父与电子宠物之母，以表彰他们让无数人将数百万小时的工作时间成功花在了饲养虚拟宠物上。

一个全新的还没开封的电子宠物

1996年11月，一个小巧的蛋形塑料电子玩具在日本上市。随后的几年中，数百万人购买了这个小东西，并花费大量时间精力照料"住"在里面的那个数字小生物。日文中将它叫做拓麻歌子（发音为tamagotchi），意为"可爱的蛋"，而这个小发明不仅让无数小朋友为之着迷日夜不离手，竟也出人意料的颇受大人们欢迎。

电子宠物一度风靡到无处不在的地步。有人因为喜欢电子宠物而去犯罪。学校和公司禁止携带电子宠物，怕这小东西释放出的诱惑、魅力和可爱的电子叫声会搞得学生和职员无心念书、不想工作。

无论是世界上第一个拓麻歌子，还是她的兄弟姐妹子孙后代，都是一个电子蛋，不过这个电子蛋可不是电子鸡下的哦。这个虚拟生物最初是由一位年轻的女士构想出来的，后来由一位中年产品设计师付诸实现。

在奔三的年纪上，工作于万代公司销售市场部的真板亚纪小姐想出了一个后来让她声名远播的创意。她说灵感来自一个电视广告，广告里的小男孩非要带着自己的宠物龟去幼儿园。万代公司是玩具生产商，金刚战士就是他们的招牌产品之一。万代公司将真板亚纪的创意分享给了 Wiz 公司的横井昭裕，并由他把这个想法具体化为一堆可爱的零部件。

电子宠物刚一在东京上市就立刻成为追捧的对象。即使是本身不爱玩电子宠物的人也目睹了爱好者们的狂热，因此慢慢滋生出一个收藏品市场。在很长一段时间里，不管有多少电子宠物上架都会被哄抢一空，需求量大大超过供货量。这种疯狂的购买和囤积很快由日本扩散到香港和新加坡。光是在这三个地区，电子宠物的首月销售量就突破四百万个。工厂开足了马力提高电子宠物的生产率。

新闻报刊详细描述了人们为购买电子宠物排起了多长的队伍。人们不惜远涉数百公里来排队。野心勃勃的商人们用高达 50 倍于原价的价格收购。学校里女生们为了得到电子宠物去抢劫勒索别的女生。电影明星争相与自己最喜欢的电子宠物合影。黑市也迅速壮大，里面充斥着偷来的电子宠物和其他厂家生产的仿制品。

电子宠物就像小孩子一样，会经常毫无预兆地"睡着"、"醒来"、哭叫着吸引注意力、生气、大便，甚至还会生病，所有这些电子活动都配有吵闹的声音。它们要主人时刻注意着它们、伺候着它们，并成功得到了这些关爱和照顾。无论白天黑夜，主人们都会放下手里做着的无论什么工作，来满足宠物们的所有要求。

几位——很快不止几位——被这势头吓住的高层人士开始试图禁止电子宠物。在许多学校和公司里，这股无论男女老少都深陷其中的痴迷劲儿让管理人员非常担忧，只要电子宠物"哔哔哔"地召唤主人，主人就会立刻放下手上在做的事情转向它们。开始大家还偷偷摸摸的，最后干脆大大方方地照顾它们了。

其他国家看到新闻，都开始为电子宠物的到来做足准备。这种感觉就像在等待一场快乐的传染病。美国网站 ZDNet 的一位记者描述了即将到来的热潮会是什么样子，并指出进口版的电子宠物与原初设计会有一个显著的不同：

> 什么是电子宠物？它是一个数字生物，从一个蛋里诞生并慢慢长大变老。你可以通过一个蛋形装置的小屏幕控制整个进程。有三个键可供操作，你可以喂食、与它游戏、给它打针吃药或者训斥它。电子宠物可以长成 12 种不同的生物，个性迥异——从贪婪无比到乖巧整洁，取决于你照料它的悉心程度。最后，长大了的它会返回自己的星球——据万代公司说，是网络太空中的某个地方——屏幕上会出现一幅小小的图片，里面的它穿着宇航服。这个结尾是与原版本不同的地方，原版中它只是单纯地死掉了。万代公司发言人说："我们觉得孩子们可能还不擅长

包装盒背面的说明上显示，电子宠物需要体贴的爱护和细心的照料。其实从全球经济角度来看，更恰当的描述应该是电子宠物需要数百万个工时的爱护和照料

面对死亡。"

万代公司将电子宠物的颜色、形状、宠物的行为方式以及其他几乎所有你能想到的东西都设计城五花八门的款式，令人眼花缭乱的同时也吸引着消费者们买了一个还想买第二个。后来还发展出了400 多种电子宠物周边产品，包括内衣、游泳圈甚至是咖喱。

之后的一年中，电子宠物几乎横扫了世界的每一个角落。

鉴于横井昭裕和真板亚纪——电子宠物之父与电子宠物之母——成功地让这么多人把注意力从自己本来该做的事情上转移开，他们获得了"搞笑诺贝尔奖"经济学奖。

获奖者无法，或不愿出席 1997 年的颁奖典礼。

电子宠物的销售量在 1997 年达到顶峰，随后就江河日下，滑坡得很快。没过几年市面上已很难见到新的电子宠物，那个收藏品市场也迅速瓦解。从此彻底没人能再现电子宠物当年的繁荣景象，或者说对这死在沙滩上的前浪已经没人在意了。

牙齿经济学

罗伯特·金科，1963年获得牙医博士学位，是一位杰出的教授，也是纽约州立大学布法罗分校（也称布法罗大学）口腔生物学系的系主任。他不仅是著名的牙科研究者，还将事业拓展到为顾客进行知识普及。

——摘自布法罗大学校友杂志

▌正式宣布▌

兹将"搞笑诺贝尔经济学奖"授予：

布法罗大学的罗伯特·J. 金科（Robert J. Genco）博士，以表彰他发现经济紧张是造成破坏性牙周疾病的致病因素之一。

金科博士是在一则新闻稿中宣布这一发现的。在获得"搞笑诺贝尔奖"两年后，他正式以《压力对牙周疾病影响的评估模型》为题发表了学术论文详述研究细节，论文刊登在1998年7月1日的《牙周病学年鉴》（*Annals of Periodontology*）第3卷第1册第288-302页。后来他又发表了《压力、痛苦以及不恰当的应对方式与牙周疾病的关系》（Relationship of Stress，Distress，and Inadequate Coping Behavior to Periodontal Disease）以进一步阐述研究内容，此文刊登在1999年的《牙周病学杂志》（*Journal of Periodontology*）第70卷第711-723页。

新的医学发现总是会吸引大家的注意力，而我们下面要说的这一发现算是其中的佼佼者：相对于手头宽裕的人而言，有经济问题的人更容易有牙病困扰。

这个发现吸引了全球各大新媒体的注意。这个消息很让人吃惊，而它的发现者——罗伯特·J.金科，牙科学博士——更是惊讶不已。

金科博士和他在布法罗大学的同事们想搞清楚哪些人有严重的牙齿问题，哪些人的牙齿比较健康。于是他们为一千多人做了检查——检查他们的牙齿状况，口腔细菌状况，以及他们的社会心理状态。

牙医的日常工作就是为人们检查牙齿情况，如果有必要可能还会检查口腔细菌状况。但一丝不苟地分析病人社会心理状态的牙医还真少见呢！金科博士用一个特制的社会心理学问卷来检测病人的状况，问卷含有9个与经济压力有关的问题，其中包括：

- 目前来说，你的收入可以买得起足够大的房子吗？
- 每月缴付家庭开支的账单对你来说有困难吗？
- 需要或想要某种食品、衣物、医疗服务或休闲活动时却拿不出足够的钱——这种情况发生的频率是多少？

在分析了病人的牙齿、口腔细菌以及社会心理学状况之后，金科博士觉得自己可能发现了一个现象：有经济压力的人的牙齿问题通常比没有经济压力的人更严重。

不过金科医生不是这样表述这个发现的。在一篇后来发表于牙医研究期刊的论文中，他对这种现象给出了一个准确的对专业牙医颇具启发性的描述：

从仪器得到的数据来看，研究对象反应的信度和所有研究问题分支之间的内部一致性都较高，经济压力以及工作中压力、积极以及消极事件的克隆巴赫系数（译注：检视信度的一种常用系数，0.9 以上为非常可信，0.8 到 0.9 之间为可信，0.7 到 0.8 之间为较可信，0.7 以下可信度较差。）分别为 0.88 和 0.99。分类评定模型分析显示，在检测的所有日常生活压力中，只有经济压力是与牙周附着丧失和牙槽骨丧失（译注：两者均为牙病症状）显著相关的。

金科博士是世界级的著名牙科权威之一。正如关于他的另一则新闻稿中所说：

金科获得过很多奖项，包括布法罗大学校友协会的乔治·W. 索恩奖（George W.thorn，1977 年），美国牙周病学学会的威廉·J. 吉斯基金会奖（William J.Gies，1983 年），布法罗大学校友协会最具威望的塞缪尔·P. 卡彭校友奖（Samuel P.Capen，1990 年），美国牙医协会卓越牙科研究金奖（1991 年），以及美国牙周病学学会金奖（1993 年）。

又因为其对经济压力的尖锐分析，金科博士同样获得了 1996 年的"搞笑诺贝尔奖"经济学奖。

获奖者无法，或不愿出席颁奖仪式。

1998 年，获得"搞笑诺贝尔奖"两年后，金科博士终于将这个发现报告给了科学界，并在一份牙科学术期刊上发表了详细的论文。

不过这篇论文似乎没引起什么关注，于是第二年他又把几乎是一模一样的一篇文章发表在了另一个牙科学术期刊上。

Relationship of Stress, Distress, and Inadequate Coping Behaviors to Periodontal Disease

R.J. Genco,* A.W. Ho,* S.G. Grossi,* R.G. Dunford,* and L.A. Tedesco†

Background: The association of stress, distress, and coping behaviors with periodontal disease was assessed.
Methods: A cross-sectional study of 1,426 subjects between the ages of 25 and 74 years in Erie County, New York, was carried out to assess these relationships. Subjects were asked to complete a set of 5 psychosocial questionnaires which measure psychological traits and attitudes including discrete life events and their impact; chronic stress or daily strains; distress; coping styles and strategies; and hassles and uplifts. Clinical assessment of supragingival plaque, gingival bleeding, subgingival calculus, probing depth, clinical attachment level (CAL), and radiographic alveolar crestal height (ACH) was performed at 28

Periodontal diseases are inflammatory conditions caused by infection with subgingival bacteria. Analysis of sys-

在获得"搞笑诺贝尔奖"几年后，罗伯特·金科在学术期刊上正式发表了自己的发现

然后他发布了一则新闻稿，题目叫做：经济压力可令牙病风险加倍。

在这则通稿中，金科博士清楚地指出其实这个坏消息的出现还伴随着一个好消息——这是他在之前的学术期刊文章中未曾明确表达的。

首先，他告诉了大家一个坏消息：

> 经济压力是一种长期的、持续存在的压力。我们的研究指出这种一直萦绕心头的压力以及不恰当的压力处理方法可能导致一些习惯的改变，比如口腔卫生情况恶化、磨牙，同时还可能导致唾液变化以及身体抗感染能力下降。

然后他又说了一个好消息：

> 不过，与不擅长处理经济问题（注意力集中在情绪
> 上）的人相比，那些能用积极实际的态度（注意力集中在
> 问题本身）处理经济问题的人并不比没有经济压力的人有
> 更高的患牙病的几率。

金科博士在新闻稿的结尾——也是他在期刊上发表的论文的结尾——写下了一句谨慎而又充满希望的话。他说，"更多问题还有待进一步研究"。

chapter 6

爱的追寻

　　性欲和繁殖欲都非常强大。有些情况下，这两者之间联系紧密，也有些情况下并非如此。就这个问题，这一章可能会带给你更多启示。当然，也可能没啥启示。

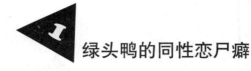

绿头鸭的同性恋尸癖

以前从没人看见过并报告过绿头鸭的这种行为。但我做到了，这可能是我今天能站在这里的原因。

——C.W.莫伊莱克在他的"搞笑诺贝尔奖"获奖感言中这样说道

C.W.莫伊莱克正手举一只绿头鸭标本，发表获奖感言。摄影：约翰·布莱德利。图片来源：《不大可能的研究年报》

兹将"搞笑诺贝尔生物学奖"授予：

荷兰鹿特丹自然历史博物馆的 C.W. 莫伊莱克 (C.W.Moeliker)，以表彰他在人类历史上第一次科学地记录了绿头鸭 (*Anasplatyrhynchos*，鸟纲鸭科) 的同性恋尸癖行为。

完整的报告以《第一例绿头鸭同性恋尸癖行为报告》(The First Case of Homosexual Necrophilia in The Mallard *Anasplatyrhynchos*) 为题发表在学术期刊 *Deinsea* 的 2001 年第 8 卷第 243-247 页上。有兴趣知道更多的人就直接去鹿特丹自然历史博物馆找 C.W. 莫伊莱克喝杯咖啡吧！

一天下午，C.W. 莫伊莱克发现窗外发生了点不寻常的事情。作为一个优秀的科学家，他抓住机会拿起纸、笔和相机，蹲下来观察和记录。

新建成的鹿特丹自然历史博物馆北区。（a）作者办公室。（b）第一只鸭子撞到玻璃的位置。（c）作者从玻璃后面观察绿头鸭奸尸的地方。摄影：克里斯蒂安·里克特（Christian Richters）

至于发生的事情……还是用干巴巴的科学语言描述比较好。下面是 C.W. 莫伊莱克论文的简化版，去掉了其中一些难懂的技术细节。感谢鹿特丹自然历史博物馆和科学期刊 *Deinsea* 授权我们发表。

第一例绿头鸭同性恋尸癖行为报告

C.W. 莫伊莱克

荷兰鹿特丹自然历史博物馆

鹿特丹自然历史博物馆坐落于市内的一个公园里，博物馆扩建部分正面采用全玻璃设计，在照明条件合适的情况下这些玻璃就像镜子一样。很多鸟类——其中大部分为画眉、鸽子和丘鹬——都曾在与大楼玻璃上的镜像发生冲突而死亡。

这种情况在 1995 年这部分建筑刚落成的头几个月间尤为严重。一听到窗户那边传来"磅！"或者较尖锐的"滴"声，相关部门人员就知道该去清理鸟儿的尸体了。

案例始末

1995 年 6 月 5 日下午 17 点 55 分的案例经过。特别响亮的撞击声从我办公室下方一层楼左右的位置（再见图 1）传来，这表明又一起冲突的发生，我们的鸟类收集品又添新成员了。我立即下楼查看窗户是否有损坏，同时看到一只雄性绿头鸭四脚朝天躺在沙地上一动不动，距离玻璃墙面约两米。

很显然这只不幸的鸭子全速飞行撞到了玻璃上，距离地面高度约 3 米（又一次见图 1）。

在已经死亡的鸭子旁边，另一只雄性绿头鸭（从羽毛上看完全成熟，无明显脱毛迹象）出现了（见图 2a）。他用力的啄进死亡同伴的鸟喙内，甚至几乎啄进对方的脑袋

左图　一只完全性成熟的雄性绿头鸭（右）站在已经死亡的雄性绿头鸭（代号NMR9997-00232）旁，此时与NMR9997-00232撞到博物馆玻璃上相隔不久

右图　同样的两只鸭子正在交配中，距2（a）的拍摄时间只过了两分钟。摄影：C.W.莫伊莱克

里，整个过程持续两分钟，之后他骑上尸体用力开始交配，同时几乎不停地啄对方的头部侧面（见图2b）。

怀着无比震惊的心情，我躲在不远的玻璃后观察这一场景直到19点10分，在此期间（75分钟！）我拍了一些照片，而那只雄性绿头鸭几乎一刻不停地与已死亡的同类交配着。

他只从死亡同类的身上下来过两次，期间呆在死亡同类身边并啄他的脖子跟头侧，之后再骑上去。第一次中场休息（18点29分）持续了3分钟，而第二次中场休息（18点45分）只持续了不到一分钟。

19点12分，我打断了这一残忍的过程。奸尸的绿头鸭不情愿地离开了他的"爱人"：在我向他靠近的过程中，他完全不想飞走而只是走开了几米，并发出了一连串双音节的"嘎嘎"的抗议声。

在确保了死掉的绿头鸭的安全后，我在19点25分离开了博物馆，并发现另外那只绿头鸭还在原地，"嘎嘎"地叫着，很明显还在寻找他的受害者（那时候受害者已经在冰箱里了）。

得救的样品

我带回来的样品鸭现在叫做 NMR9997-00232（NMR 是"鹿特丹自然历史博物馆"的缩写）。解剖发现样品确为雄性：睾丸为黄色，发育成熟，各为 28 毫米 × 15 毫米大小。

与博物馆大楼的撞击造成了以下致命内伤：严重的脑出血，右侧肺、气管和肝脏破裂，两侧肩胛骨骨折，大部分肋骨向胸板方向骨折（这可能是由于长时间的被交配造成的）。除了以上方面，这只鸭子状态良好。

讨论

尽管没有亲眼目睹 NMR9997-00232 撞到建筑上并死亡的场景，但我非常肯定这两只绿头鸭当时应该正在进行某种空中追逐：受害鸭全速撞上建筑物，使得追逐方得以避免撞上玻璃，并在死者旁边降落。

在响亮的撞击声传来后我立即（相隔小于 1 分钟）目睹了事发场景，并看到了站在死亡鸭子旁边的另一只公鸭（见图 2a）。因此这只公鸭只是刚好路过、看到尸体并下来强奸一下的可能性很小。

尽管我们在此案例表现出的鸟类的同性恋天性问题上并未取得一致，绿头鸭的相互追逐行为确实很常见（也经常在博物馆公园中被观察到）。春天，当一对绿头鸭分飞之后，一些雄性绿头鸭可能集结成群，十几只一起追逐一只雌性绿头鸭，强迫她降落并强奸她。

C.W.莫伊莱克在他观察并记录绿头鸭事件的有利地点。图片来源：C.W.莫伊莱克

同性强奸行为

生物学家布鲁斯·巴哲米尔（Bruce Bagemihl）在充分研究后写下了一本关于动物同性性行为的详尽著作，书中写道雄性同性性行为在绿头鸭中是相当常见的现象。但巴哲米尔也提及，一对雄性绿头鸭情侣之间不会进行特征明显的典型性行为：通常不会有任何一方骑在另一方身上。

有趣的是，巴哲米尔提到"同性恋绿头鸭中的一些雄性个体被观察到试图强奸或强行与其他雄性交配"。也许这就是 1995 年 6 月 5 日发生的事情的起源：这只公绿头鸭试图强暴 NMR9997-00232，但后者逃走了，因此他们展开了追逐。

恋尸癖

> 但最后 NMR9997-00232 被强奸时已经死了（有人也许会说这里发生的是交配而不是强奸，但可以肯定这个行为并非出自受害者自愿）。可以确定的是，这个事实可能影响了交配的持续时间。
>
> 根据科学文献，绿头鸭中确实存在恋尸癖行为，但只在异性恋中发生。偶尔雄性个体会尝试跟已经死亡的雌性个体交配。因此在我所知的范围内，这次事件是第一个被观察并描述的绿头鸭同性恋尸癖案例。

为了表彰 C.W. 莫伊莱克记录下一个重大的事件，阻止此事件从我们眼皮底下默默溜走，他获得了 2003 年"搞笑诺贝尔生物学奖"。

C.W. 莫伊莱克带着一只鸭子标本出席了颁奖典礼。在接受颁奖时，他说：

> 谢谢你们。（此时观众席中不时传来"呱，呱，呱！"的鸭子风格赞美声）请大家安静。非常感谢你们颁发这个奖给我。下面让我解释一下我的发现。我看到两只绿头鸭，它们长成这个样子（莫伊莱克博士举起手中的标本鸭），我想如果你不是鸟类学家可能不太了解它们。这件事是这样，两只都是公鸭，一只已经死了。它撞到鹿特丹自然历史博物馆的玻璃墙上，而我在博物馆工作，我是馆长。活着的鸭子骑到了尸体上并强奸了尸体，一个多钟头。然后，我觉得实在忍不了了。我把死掉的鸭子捡回来，解剖之后确定，这确确实实是只公鸭子。以前从没人

看见过并报告过绿头鸭的这种行为。但我做到了，这可能
是我今天能站在这里的原因。非常感谢大家。

　　第二年春天，他带着鸭子一起参加了"搞笑诺贝尔奖"之英国
爱尔兰之旅。从官方活动中的剧场、演讲大厅，到伦敦、格拉斯哥、
都柏林和其他几个城市的酒吧里，他俩都大受欢迎。

超级精子

　　我们的特殊目标是：让婴儿们赢在起跑线上。我们是这样达成目标的：我们在全国范围内寻找不但健康状况良好，还有卓越成就的男性，或是尽管还年轻但已经表现出无限潜力的男性。这种男性都有着很高的智商。而智商，就像健康一样，是可以遗传给后代的。

——摘自"胚种选择库"的一条广告

▎正式宣布▎

　　兹将"搞笑诺贝尔生物学奖"授予：

　　罗伯特·克拉克·格雷姆（Robert Klark Graham），种子筛选者和繁殖之先知，以表彰他创立发展"胚种选择库"——一家只接受诺贝尔奖获得者和奥运选手捐献精子的精子银行——的先驱之举。

　　罗伯特·克拉克·格雷姆著有《人类的未来》（*The Future of Man*）一书，此书于1997年由克里斯多夫出版社出版，书中大致解释了他从事这份事业的原因。

如果谁想得到诺贝尔奖获得者的精子，他有两个选择。一个是直接从精子所有者那购买。另一个——至少在 1999 年之前都可以——去加利福尼亚州埃斯孔迪多的"胚种选择库"（The Repository for Germinal Choice）购买。

罗伯特·克拉克·格雷姆在 1979 年创建了"胚种选择库"。灵感来自已于 1967 年逝世的诺贝尔奖获得者赫尔曼·J. 穆勒（Hermann J.Muller），他认为如果没人来挑选交配双方以生出优良后代的话，人类的智慧终有一天会烟消云散。

穆勒因发现 X 光可导致果蝇基因突变而获得了 1946 年的诺贝尔奖。这个发现让他思考了很多问题。穆勒不是那种不爱交流只自己默默思考的人。据曾经跟随他做研究的研究生描述，"他矮小（约 158cm），光头，充满活力。有些人一边引起麻烦一边又在矛盾中蓬勃成长，穆勒就是这种人。"据报道，穆勒曾经想让斯大林来捐献精子，但没有记录显示他成功了。

"胚种选择库"最初的名字叫做"赫尔曼·穆勒胚种选择库"，但穆勒的遗孀对此很有意见。于是罗伯特·克拉克·格雷姆把穆勒降到了一个不那么显眼的位置——穆勒的名字只出现在公司专用信纸的信头上，并标明为"共同创立人"。

"胚种选择库"在门萨俱乐部———个以在智商测试中获得高分的人为成员的国际组织——的新闻通讯上为自己的产品做了广告。广告非常有吸引力：

> 我们，"胚种选择库"，收集聪明无比且非常健康的男性的精子，并把它们冻存在液氮里。公司可以向已婚却因丈夫患不育症而无法生育的夫妇提供生命之种。夫妇们可

以自己选择精子捐献者，即孩子的生物学父亲。这就是胚种选择。

"胚种选择库"不仅让不育男士的妻子得偿做母亲的心愿，还让他们的孩子在人生路上率先赢得基因优势。

此举还可让杰出人士拥有更多后代，向人类的基因库中投放更多我们最好的基因。

"胚种选择库"从 20 世纪 80 年代起就开始进行中试规模（译注：一个项目进行时，先要进行实验室研究，然后是放大实验室研究的小试规模研究，接下来是在正式大规模产出前的中试规模研究）的实验，为这个世界带来了数百个聪明健康的孩子。其中不少孩子表现出过人的能力。

人类远不是完美的物种，但通过不断增加人类基因库中优越基因的比例我们可以越来越接近完美。"胚种选择库"提供了一种追求完美的方式。

目前的收费标准如下：申请费 100 美元，冻存罐费用 200 美元，项目经费 3000 美元（6 个月）。

格雷姆在银行中保有三位诺贝尔奖获得者的精子。唯一一位为外界所知——事实上他还到处炫耀此事——的是威廉·肖克利（William Shockley），他因为参与发明晶体管而获得了 1956 年的诺贝尔物理学奖，他可不是一个害羞或者会自我怀疑的人。由于捐献者短缺，格雷姆很快放松了标准，让自己的助手带着精子收集装置去寻找年轻、英俊并且被认为将来有可能获得诺贝尔奖的年轻科学家们。不久之后，由于原材料来源还是太少，格雷姆再次降低了门槛，精子来源放宽到卓有成就的艺术家和运动员、成功的商人，甚至根据一些新闻报道还包括英国的菲利普亲王（英女王伊丽莎白二世的丈夫）。

第一个怀上"胚种选择库"宝宝的是乔伊斯·科瓦尔斯基（Joyce Kowalski），时间为1982年。她丈夫告诉《全国询问报》（*National Enquirer*）："我们准备在维多利亚3岁的时候训练她用电脑，我们还将在她学会走路之前就教她认字和数数。"媒体报道称科瓦尔斯基夫妇曾是罪犯，因盗用死去孩子的身份使用信用卡获罪，并因为被控虐待儿童而失去了科瓦尔斯基太太前一次婚姻中的两个孩子的监护权。

获奖者无法参加，或不愿参加颁奖典礼。那一年的颁奖典礼上，有四位诺贝尔奖获得者在台上颁奖。全部为男性，全都否认他们是"胚种选择库"的捐献者。

罗伯特·克拉克·格雷姆于1997年去世。"胚种选择库"则于1999年关门大吉。

3　希德的克隆

那时候我是个聪明的小男孩，现在我还是个聪明的小男孩。

——理查德·希德，在他的第 15 次大学同学聚会上，比较当年做大学
生时的人生计划与半个世纪后的当下的计划——克隆自己

▌正式宣布▌

> 兹将"搞笑诺贝尔经济学奖"授予：
>
> 来自芝加哥的理查德·希德（Richard Seed），以表彰他通过克
> 隆自己和其他人为推动世界经济所作出的努力。

一位个子高高、外貌和举止都充满家长派头的老人，在他位于
芝加哥的简朴的家中公开宣布了一个惊人的消息。

他说他有个计划。他要克隆自己。

新闻媒体蜂拥至门。他们迫不及待地想听详细情况，他们更不
敢相信自己的好运气——因为这个老人的名字比任何黑客小说家能
想到的名字都酷的多。

他叫迪克·希德（译注：Dick Seed，分别意为"男性生殖器"和"种子"，很适合一个要克隆自己的人）这是一个关于他的真实故事。

大家都说，理查德·希德是个聪明孩子，以后一定能拿诺贝尔奖，他自己也这么认为。他念书的时候成绩很好，最终从哈佛大学拿到了物理学博士学位。

有一段时间，他对有性繁殖产生了浓厚的个人兴趣。后来这从某种程度上导致他对无性繁殖也产生了浓厚的个人兴趣。

希德博士花费数年时间学习如何把胚胎从一个动物身上移植到另一个动物体内。开始他专攻牛胚胎。后来他把这个技术应用到人，并参与了最早出现的几个代孕妈妈的案例。但这些，都只是为更大的计划做准备。

理查德·希德一宣布要克隆自己就立即成了名人

1997 年 12 月 5 日，希德博士宣布他将克隆人类。那时公众们的想象力已经被几十年来的糟糕的科幻电影搞得浮想联翩，更不用说 1996 年一群苏格兰科学家克隆出了绵羊。成功克隆出一只羊的背后是上百只失败了的试验品，但仍有人希望在克隆人类的时候失败率"可能"不会这么高。

可能，也许真有可能的，失败率可能不会这么高的，对吧，干吗一定要把事情往坏处想呢。如果希德博士的克隆人计划对人类来说是一个大大的进步，那么他应该去完成计划。而他的行事风范和说话语调似乎都表明他会成功。并且他曾明确表示，如果他成功了，那么一个希德就会变两个希德就会再变很多个希德……希德就会一直传下去。

起初，他说有四对夫妇迫切希望他克隆他们的家庭成员。但不久之后，也许是被众多嘲笑他的评论家们激怒，迪克·希德又发布了一则公告：

> 我决定先克隆我自己，以堵住那些说我只会利用绝望无助的女人做一个未经证明的实验的人之口。

那时他已经 69 岁。他将把一个小胚胎植入到他的妻子格洛丽亚体内。格洛丽亚将会生下婴儿理查德·希德。

格洛丽亚·希德从没公开表示过认为丈夫一定会成功，尽管这么说的人有很多。

曾经有段时间希德博士考虑过与一家加拿大公司"克隆援助"合作，这家公司由一个宗教组织"雷尔教派"运营，他们崇拜一个名叫雷尔的前法国赛车手，这名赛车手认为耶稣是由一种叫做"耶洛因"（Elohim，希伯来圣经中用来指上帝）的外星技术创造的，而

"克隆援助"也将用这种技术克隆任何愿意付钱的人。但是这次合作没能成功。

理查德·希德没能成功克隆一个人类，并且也没能如儿童时代人们预言的那样赢得一个诺贝尔奖。但他赢得了 1998 年的"搞笑诺贝尔奖"经济学奖。

理查德·希德曾经考虑与"雷尔教派"合作，这是一个崇拜相信外星技术的赛车手并计划将人类克隆商业化的宗教组织

获奖者无法，或者不愿参加颁奖典礼，获奖者解释说他要参加一个早已安排好的活动——一场在爱尔兰举行的报酬颇丰的演讲。

但理查德·希德让他的儿子兰德尔（Randall）代他领奖。兰德尔·希德似乎对自己在这段历史中和自己家庭中的位置感到茫然，但默默地接受了安排。他告诉哈佛大学桑德斯剧场里的观众以及更多通过互联网观看颁奖典礼的观众们：

我可以肯定地告诉你们，要不是今晚希德博士被迫去爱尔兰接受研究资助，他一定愿意来到这里。（这时人群中一个人大声喊道，"给他一年时间他就能同时做这两件事了！"）

那我来讲点过去的故事吧。人们总是问："他是认真的吗？"我的回答是，15年前当我还跟他住在一起的时候，我的暑假工作就是父亲递给我这些10厘米直径的培养皿和一个显微镜，然后对我说："兰德尔，找找这碟子里有没有人类的卵子。"

无论如何，有一件事确实得谢谢他。他逼迫我做了决定。我必须判断哪个工作更恶心一点，在一个装满子宫和阴道分泌物的碟子里做筛选，还是做精子活力测试？好吧。所以我最后决定做个工程师。

不幸的是，阴影已经留在了我和我的兄弟脑中。我想生活从此再也不一样了。

在这次颁奖典礼的9个月后，理查德·希德来到了哈佛大学，参加第十五次大学同学聚会（希德是1949年毕业的学生）。在聚会上，他见到了一名"搞笑诺贝尔奖"组委会成员。当得知下一次颁奖典礼上将会有一出以希德生平为原型的迷你歌剧上演时，他答应会参加下一次典礼并参与演出——如果我们付给他5000美元的话。

1999年的"搞笑诺贝尔"颁奖典礼上确实举行了"希德歌剧"的首场演出，这场表演完全基于理查德·希德和他的故事。希德博士没有参与演出，因为他要价实在太高，超出当地的专业歌剧演员。在歌剧中，虚构的理查德·希德制造了好几个自己——但一开始他还是先用绵羊练习了自己的技术。歌剧开头他演唱了下面这些歌词，曲调使用的是名曲《我的太阳》：

> 我造出了新绵羊
>
> 不需要母绵羊
>
> 我成为了一员巨匠
>
> 在科学世界中荡漾

> 如果我是个吃货
>
> 我会爱死羊肉
>
> 但只为了吃
>
> 未免太费周章

> 欧～我的太阳！欧～孤独的我啊！
>
> 我是如此天才
>
> 对一个天才而言啊
>
> 养蠢羊开公司是可……耻的。

"希德歌剧"的演出内容还包括理查德·希德们成立了一家大公司来生产并出售更多的自己。歌剧结尾希德们一起用《布兰诗歌》（*Carmina Burana*）中的末日曲调唱着：

> 接下来我们要做什么——
>
> 我们要把他们卖给军队
>
> 每个国家的军队
>
> 不用再多想了
>
> 用我们的克隆塞满军队

根据理查德·希德的生平改编的歌剧中，这位伟人的母亲［由女中音玛格特·巴顿（Margot Button）演唱］唱出了对他们家自我繁殖能力的自豪。摄影：约翰·蔡斯（John Chase），图片来源：哈佛新闻办公室

当战争来临

我们就能制造更多希德

要多少

有多少

谁要给谁

应有尽有的理查德·希德

［作词：唐·凯特（Don Kater）和马克·亚伯拉罕斯（Marc Abrahams）］

chapter 7
解开医学之谜

当一个人发现了身体的奥秘，他可能会发现他找到的跟期待的不太一样。这里就有 5 个人，他们发现了奥秘，然后找到了……"搞笑诺贝尔奖"。

男性与古代雕塑的阴囊不对称研究

温克尔曼（Winckelmann，意大利考古学家和艺术家）在1764年时曾评价说："即使是私处也有它们独到的美丽。左边的睾丸总是生来比右边的更大。"但他又继续说道："所以类似的，左眼的视力比右眼更好更敏锐。"后面这条据我所知还没什么证据。

为了验证温克尔曼的话，我在几个意大利博物馆和画廊里观察了107尊雕塑的阴囊不对称性，其中有真正的古董原作，也有文艺复兴时期的复制品……

——摘自克里斯·麦克马努斯（Chris McManus）已发表的论文

正式宣布

兹将"搞笑诺贝尔医学奖"授予：

伦敦大学学院的克里斯·麦克马努斯，以表彰他写出了极具平衡感的作品《男性与古代雕塑的阴囊不对称研究》。

他的题为《男性与古代雕塑的阴囊不对称研究》（Scrotal Asymmetry in Man and in Ancient Sculpture）的科学论文发表在科学期刊《自然》（Nature）1976 年第 259 卷第 426 页。

古希腊的雕塑一向以精巧的工艺闻名于世，但如今因为克里斯·麦克马努斯的研究我们发现原来这些雕塑犯了一点颇让人尴尬的错误。

在克里斯·麦克马努斯还是个年轻医生的时候，他离开故乡英国，花了一个夏天去意大利旅行，漫步在山丘和城市，参观博物馆与艺术画廊。他仔细观察了总计107尊男性雕塑——没用手摸。其中有古代原作，也有文艺复兴时期的复制品。他在自己的笔记本中记下了所有雕塑的两个特点：（a）哪边的睾丸更大（b）哪边的睾丸位置更高。

那个夏天结束的时候，他回顾自己的笔记，忽然意识到那句老话（左边的睾丸总是生来比右边更大）并不正确。正如任何一个饱读医书的医学生可能会做的那样，他决定纠正这个错误。

Scrotal asymmetry in man and in ancient sculpture

MITTWOCH and Kirk[1] have claimed that "Right and left mammalian gonads do not usually differ noticeably either in

*Present address and address for reprin Gardens, Kenton, Harrow, Middlesex
[1] Mittwoch, U., and Kirk, D., *Natur* (1975).
[2] Chang, K. S. F., *et al.*, *J. Anat.*, 94,
[3] Winckelmann, J. J., in *History* (transl. by Gode, A.)(Frederick U 1968).
[4] Lloyd, G. E. R., *J. Hellenic Stud.*, 8

Table 1 Analysis of the scrotal asymmetry of 107 ancient sculptures

			Side of higher testicle	
		Left	Equal	Right
	Left	2	7	32
Side of larger	Equal	8	19	17
testicle	Right	17	1	4
	Total	27	27	53

克里斯·麦克马努斯的获奖论文

麦克马努斯医生把所有结果写成一个简短的文章，并把论文提交到了科学期刊《自然》。《自然》杂志毋庸置疑是世界上最有声望的学术期刊之一，也是最难发表论文的期刊之一。很多科学家为了在《自然》上发表自己的研究成果前仆后继死而后已。

《自然》接受并发表了麦克马努斯医生的文章，更让他吃惊的是他的文章是当期的封面文章。

下面是麦克马努斯医生 30 年后回首往事，对那段阴囊研究的美好回忆：

> 那是 1976 年，几乎半辈子之前了，我在《自然》上发表了一个有趣的小文章，题为《男性与古代雕塑的阴囊不对称研究》。尽管这篇文章只有 353 个字，并且刊登在杂志后面某页的右下小角落里，它依然避免了完全被无视的命运。
>
> 核心数据在几个月后被安德鲁·斯图尔特（Andrew Stewart）成功重复出来。斯图尔特是一个真正的古典艺术学者，在他的科研事业刚起步时他曾研究过"库罗斯"（译注：Kouros，意为年轻男子雕像）——年代更久远的前古典时期雕像，后来他成了古典雕塑学者中的佼佼者。《自然》的这篇文章还引起了罗丹是否患有读写困难症的讨论，因为他的作品《青铜时代》中把两个阴囊的位置弄反了［不得不说，这一位置的反转在《青铜时代》的模特——"本钱丰厚"的比利时士兵奥古斯特·聂特（Auguste Neyt）的照片中不太看得出来］。
>
> 公众的关注热情渐渐消退，而我除了在博士论文中用更为详细的一章阐述了这个问题外，对引起的公共话题几乎没什么贡献。后来我还是继续了偏侧性的研究。有时在学术会议的休息时间里，会有几个人提到那篇阴囊不对称

的文章。偶尔也会看到关于偏侧性的书籍中甚至关于希腊雕像的书籍中会把这篇文章引做学术文献参考，看见后者尤其让我开心。

就在我觉得我这篇人生中最"声名狼藉"的文章快被人遗忘时，2002年10月的"搞笑诺贝尔奖"医学奖又重新把它带回大家的视线中，这样一来全世界的副主编们又要为这则新闻写出各种各样的糟糕标题了。对了，我最喜欢的是《怪"蛋"科学家获大奖》（Odd ball scientist wins Prize）。

克里斯·麦克马努斯获得了医学奖，以表彰他对男人与古代雕塑的阴囊不对称性的真知灼见。摄影：鲁比·阿圭拉（Ruby Arguilla）。图片来源：哈佛新闻办公室

鉴于克里斯·麦克马努斯对"哪个在左哪个在右"的问题进行了详尽仔细的观察，他获得了 2002 年"搞笑诺贝尔奖"医学奖。

麦克马努斯医生参加了颁奖典礼。在领奖时，他朗诵了专门为此次典礼所作的一首诗。下面是这个文学作品的主要内容。这是一首简单易懂的罕见的医学与文学的结合诗，形式与韵律参照的是美国著名诗人亨利·沃兹沃斯·朗费罗（Henry Wadsworth Longfellow）的长篇叙事诗《海华沙之歌》（*Hiawatha*）。上学的孩子们可能会在文学和科学课或者正式的节庆场合背诵这首诗。

睾丸位置之度量
作者：克里斯·麦克马努斯

在那大腿上面腹股沟下面，
有个袋子叫阴囊，
旁边跟着输精管，
还带着个附睾。

阴囊里面是睾丸，
左边右边各一个，
一眼看去真对称，
一样大小的两个蛋。

这看起来很简单，
非也，请君仔细看：
瞪大眼睛看右蛋，

明显高过左睾丸；
擦亮眼睛比大小，
右边大来左边小。
蛋蛋不同无疑问，
两边原本不对称。
古希腊人爱男童，
把他们叫做"库罗斯"，
苏格拉底、柏拉图
也爱和他们同吃饭。

博物馆里的希腊石雕，
大理石洁白又光亮，
细节处处精雕琢，
雕出了肌腱肌肉，
还雕出了正面背面，四肢躯干。
别的都好但有一个错：
蛋蛋全部都雕错！
他们确实弄对了右边高
但依然忘了左边小。

错误出在观念上，
古希腊思考者们谈论的
古老久远的观念上，
从希波拉底到柏拉图，
甚至是前苏格拉底时代的哲人们。

毕达哥拉斯这样想，

阿那克萨哥拉也这样想，

甚至巴门尼德也这样想，

想右边与左边确有差异但不知为何。

亚里士多德给出解释，

认为睾丸只有一个用处，

用分量拉扯身体，

拉长喉头让声音低沉，

拉来了美好的青春期。

理论听起来很美好，

但却需要一个前提。

如果睾丸靠重量，左边低则左边重，

则左边必然更大些，

则右边必然比左边小。

雕塑家觉得很合理，

但明显这里有谬误。

这里希腊语不顶用，

不是他们大喊"尤里卡！"的地方。（译注：尤里卡（Eureka）意为"找到了！有了！"，阿基米德从浴盆溢水想到浮力测量皇冠的时候就是大叫着"尤里卡！"裸奔出去的。）

这里我们需要盎格鲁·撒克逊语（译注：盎格鲁撒克逊人是 5 世纪 -1066 年间生活在大不列颠东南部的种族，被认为是英国人的祖先。这里指古代英语。）

我们要说：这里不对，大错特错！

这里为什么会犯错？
什么东西误导了他们？
无视客观观察结果，
让想法凌驾于数据之上，

理论可能很美丽
但科学不能止步于这里。

让我们用一句格言结尾
这句格言的风格很搞笑诺贝尔：
不要让模特（model）蒙蔽你的双眼！
（不管是理论模型还是古希腊男童……）

在获颁"搞笑诺贝尔奖"几个月后，麦克马努斯博士又获得了另一项荣誉——安万特奖（Aventis，即英国皇家学会科普图书奖，在 2000-2006 年因为安万特公司为奖项提供赞助故冠名奖项），此奖每年都会评出最佳科普图书和最佳儿童科普图书。史蒂芬·霍金、贾雷德·戴蒙德、史蒂芬·杰伊·古尔德和罗杰·彭罗斯都曾获奖。麦克马努斯博士的获奖书目是《右手，左手：大脑、身体、原子和文化中的不对称性的起源》（ *Right Hand Left Hand:The Origins of Asymmetry in Brains*，*Bodies*，*Atoms and Cultures* ），这本书最初的灵感也部分得益于当年那篇《男性与古代雕塑的阴囊不对称研究》。

经历了数十年之后，当年那份对小细节的好奇心，成了被公众认可赞赏的好书。参天大树的枝繁叶茂都是源于当初埋下的一粒小小的种子。

伦敦的维多利亚和阿尔伯特博物馆中，一位参观者正在凝视着雕塑的不对称性。摄影：史蒂芬·德鲁（Stephen Drew）。图片来源：《不大可能的研究年报》

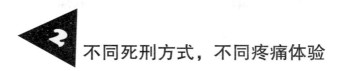

2 不同死刑方式，不同疼痛体验

人被不同方法处以极刑时的心理学和病理学已有研究。此种心理学和病理学的相关信息可以从以下途径得到：对被判刑犯人的观察，尸检，对经历类似过程的动物的心理学研究以及急诊医学的相关文献。想知道死亡时经历的疼痛的剧烈程度和持续时间很困难，因为很多疼痛的表征会被死亡过程或身体的固定和束缚所掩盖。

——摘自哈罗德·希尔曼已发表的论文

正式宣布

兹将"搞笑诺贝尔和平奖"授予：

英国萨里大学的哈罗德·希尔曼（Harold Hillman），以表彰他写出了文字饱含深情、文风淡雅平静的论文《人被处以不同种类死刑时可能的疼痛体验》（The Possible Pain Experienced During Execution by Different Methods）。

他的论文发表在学术期刊《感知》（Perception）1993 年第 22 卷的第 745-753 页。

几乎没有什么可靠的第一手的关于人被处以极刑时的疼痛体验报告。不过多亏了哈罗德·希尔曼，现在我们终于有了大量——尽管可能不太"第一手"——关于各种常见处刑方式下的疼痛体验的报告。

The possible pain experienced during execution by different methods

Harold Hillman
Unity Laboratory of Applied Neurobiology, University of Surrey, Guildford GU2 5XH, Surrey, UK
Received 21 January 1992, in revised form 29 June 1992

Abstract. The physiology and pathology of different methods of capital punishment are described. Information about this physiology and pathology can be derived from observations on the condemned persons, postmortem examinations, physiological studies on animals undergoing similar procedures, and the literature on emergency medicine. It is difficult to know how much pain the person being executed feels or for how long, because many of the signs of pain are obscured by the procedure or by physical restraints, but one can identify those steps which

获奖的论文

哈罗德·希尔曼是英国萨里大学应用神经生物学和心理学解读联合实验室的主任。他花费数年搜集信息，想说明人在几种死刑方式中经历的痛苦和折磨。

希尔曼博士的信息来源很广泛："对被判刑罪犯的观察，尸检，对经历类似过程的动物的生理学研究以及急诊医学的相关文献"。

这篇他用心提炼出的包含丰富事实依据的 8 页论文引发了很多不同的反应——赞叹，恶心，轻蔑，害怕，某些圈子里的人则认为此文有种讽刺的幽默。

希尔曼博士详细描述了各种处死方式——此刑如何执行，处刑过程中最典型的心理过程以及简单的尸检病理学情况。

最先介绍的是枪决。（"枪决执行时可能由行刑人从犯人背后枕骨部位向前开枪……"）

然后是绞刑。

绞刑之后是石刑。希尔曼博士指出"这种刑法可能是所有死刑中死亡过程最漫长的"。

斩首，之后紧接着是电刑。

然后是毒气。（"被绑在椅子上的犯人面前放着一桶硫酸，整个行刑室是密闭的……"）

最后是静脉注射。（"犯人被仰面绑在推车上，然后由一名经过训练的护士或技术员从肘部血管开始注射……"）

在详细描述了每种处刑方式的血腥细节之后，希尔曼博士开始讨论研究的核心部分：疼痛。希尔曼博士无意宣称自己无所不知。正如他所说："（没人会）知道一个被斩掉的头的疼痛程度和疼痛时间。不可知的东西还有很多，所以一个人不可能完全了解某种处刑方式带来的疼痛程度。"

但希尔曼博士指出，我们可以做到的是观察疼痛的表现。他具体解释道："人经受巨大的疼痛时会大喊大叫，出汗，瞳孔扩张，身体对有害刺激缩回，四肢活动剧烈，面部肌肉收缩，排尿，以及排便。"

希尔曼博士做了一个图表，清楚地阐明了在不同处刑方式下有哪些可能出现的疼痛特征可被观察到。

总体来说，希尔曼的论文给出了许多虽然恐怖但非常有用的细节信息，并配以医学角度的思考。论文的最终结论是："所有死刑方式（可能不包括静脉注射），都可能造成疼痛。"

为表彰哈罗德·希尔曼为这篇论文所做的大量研究，他赢得了1997 年的"搞笑诺贝尔奖"和平奖。

由于内心纠结和经济条件所限，获奖者决定不出席颁奖典礼。不过 6 年之后，他参加了"搞笑诺贝尔奖"英国和爱尔兰之旅，有趣而神秘的研究内容让几座城市的观众听得既开心又迷惑。

搞笑诺贝尔之

各种处刑方法可能带来的疼痛

这里再现了希尔曼博士那张描述每种处刑方法对应不同可被观察到的疼痛表现的图表。

（+）表示这种疼痛表现经常被观察到，（-）表示这种表现很少或从未被观察到，（*）表示这种表现有时出现有时不会出现，（?）表示希尔曼教授的研究未能确定此种疼痛表现是否属于典型症状。

	枪决	绞刑	石刑	斩首	电刑	毒气	静脉注射
大喊大叫	?	*	+	+	*	+	-
出汗	?	?	*	?	+	?	?
瞳孔扩张	*	?	*	?	*	?	+
身体因刺激收缩	*	*	*	*	*	*	*
四肢活动剧烈	?	+	*	*	*	*	-
面部肌肉收缩	*	+	*	?	*	+ -	
排尿	?	+	?	?	+	?	?
排便	?	+	?	?	+	?	?

3 湿内衣对寒冷环境下的舒适感的影响

本研究的目的是调研湿内衣的作用……

——摘自巴克凯维奇和尼尔森已发表的论文

正式宣布

兹将"搞笑诺贝尔公共卫生奖"授予：

挪威特隆赫姆"科学与工业研究基金"（SINTEF）下属的 Unimed 公司的玛莎·科尔德·巴克凯维奇（Martha Kold Bakkevig）和丹麦科技大学的卢斯·尼尔森（Ruth Nielsen），以表彰他们全面详尽的研究——《湿内衣对温度调节反应和寒冷条件下热舒适度的影响》（Impact of Wet Underwear on Thermoregulatory Responses and Thermal Comfort in The Cold）。

这篇论文发表在科学期刊《人体工程学》（*Ergonomics*）1994 年 8 月第 37 卷第 8 册第 1375-1389 页。

寒冷天气里，倘若穿着湿内衣，会影响人的热舒适度。玛莎·科尔德·巴克凯维奇和和卢斯·尼尔森第一次对这个凉飕飕的现象进行了很好的科学分析。

巴克凯维奇和尼尔森之所以致力于了解内衣，是为了一个更长远的目标——改进内衣。他们十分有条理地进行了研究。

首先他们找到 8 个愿意在大冷天穿着湿内衣并同时被监测皮肤和直肠温度的人。每个人的身体表面积都大约为 2 平方米。

Impact of wet underwear on thermoregulatory responses and thermal comfort in the cold

Martha Kold Bakkevig

SINTEF UNIMED, Section for Extreme Work Environment,
N-7034 Trondheim, Norway

and Ruth Nielsen

Laboratory of Heating and Air Conditioning,
Technical University of Denmark, DK-2800 Lyngby, Denmark

Keywords: Thermoregulatory responses; Subjective sensation;
Rest; Cold; Underwear; Sweating.

The purpose of this study was to investigate the significance of wet underwear and to compare any influence of fibre-type material and textile construction of underwear on thermoregulatory responses and thermal comfort of humans during rest in the cold. Long-legged/long-sleeved underwear manufactured from 100% polypropylene in a 1-by-1 rib knit structure was tested dry and wet as part of a

获奖论文

为了避免对实验对象的行为产生影响，巴克凯维奇和尼尔森事先并没有告诉大家他们将会穿着什么样的内衣，也没告诉他们环境温度会冷到什么程度。

后来真的挺冷的。实验是在 10 度左右的特殊实验室内进行的。一些实验对象拿到的是特别准备的湿内衣，其他人拿到的则是干内衣。内衣的质地非常多样——羊毛、棉、聚丙烯以及多种混合质地。

在实验前一晚，研究人员会把内衣和一些水放进袋子中，然后把袋子封好放在一个温暖的烤箱里一整晚。这样就可以制备出"水分分布良好"的内衣。

在穿上湿漉漉的内衣前，每个实验对象先裸体称重，并将温度感应器固定在前臂、脖子、胸前、腹部、上背部、腰背部、上臂、大腿前部、胫骨处、小腿肚、一只手的背侧以及一只脚的背侧。一个直肠温度计由括约肌插入80毫米深。这个直肠温度计总长150毫米，是由位于美国俄亥俄州代顿市的黄泉仪器公司生产的YSI—701型。

每个实验对象都要带着屁股里的温度计在一个寒冷的屋子里孤单地坐上60分钟。每10分钟他都要填写一个如下样式的问卷：

你是否：

    1. 颤抖得很厉害？

    2. 中等程度地颤抖？

    3. 轻微地颤抖？

    4. 完全不颤抖或有出汗现象？

    5. 轻微出汗？

    6. 中等程度地出汗？

    7. 大汗淋漓？

你感觉目前的热度：

    1. 舒服？

    2. 有一点舒服？

    3. 不舒服？

    4. 很不舒服？

还有一些其他的问题，出题模式与上述题目类似。

每 60 秒机器就会记录一次实验对象的皮肤温度、体重和直肠温度。当这折磨人的一小时过去后，实验对象脱去湿内衣再测一次裸体体重。内衣重量也会被称量。

科学家们分析了所有数据，并制作了图表从统计学的角度描述那孤独地穿着湿内衣坐在冰凉房间的一个小时里发生了些什么。

在这一个小时里，有些数据是一直保持不变的：

- 穿着湿内衣的实验对象报告自己的内衣一直感觉湿漉漉的。
- 穿着干内衣的实验对象报告自己的内衣一直感觉干燥燥的。
- 穿湿内衣的人比穿干内衣的人觉得更冷，也更不舒服。

巴克凯维奇和尼尔森从研究中得出两个结论：

首先，湿内衣确实会影响温度调节反应和寒冷环境中的热舒适度。

其次，让人觉得略为惊讶的是，内衣的厚度比内衣的材质更重要。

由于发现了一个关于湿内衣的有趣事实，玛莎·科尔德·巴克凯维奇和卢斯·尼尔森获得了 1995 年"搞笑诺贝尔奖"公共卫生奖。

获奖者无法，或不愿参加颁奖典礼。不过他们后来确实表达了对获奖的一点点略带矛盾的喜悦之情。

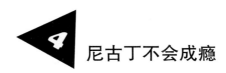

尼古丁不会成瘾

我认为尼古丁并不会成瘾。

——摘自《美国国会议事录》1994 年 4 月 15 日的证词

正式宣布

兹将"搞笑诺贝尔医学奖"授予：

雷诺烟草公司的詹姆斯·约翰斯顿（James Johnston），美国烟草的约瑟夫·泰迪欧 Joseph Taddeo），罗瑞拉德烟草公司的安德鲁·蒂施（Andrew Tisch），菲利普莫里斯烟草公司的威廉·坎贝尔（William Campbell），利吉特烟草公司的爱德华·A.霍里根（Edward A Horrigan），美国烟草公司的唐纳德·S.约翰逊（Donald S.Johnston）和已过世的布朗和威廉姆森烟草公司主席小托马斯·E.桑德弗（Thomas E. Sandefur，Jr），以表彰他们不可动摇的经过美国国会证实的发现：尼古丁不会成瘾。

他们的证词发言发表在 1994 年 4 月 15 日的《美国国会议事录》。

顶不住美国公众、医学专家和几任美国卫生局局长的督促，美国国会终于召开了探讨吸烟对健康影响的公众听证会。

首先，一些医学和科学专家进行了一系列报告，展示了吸烟很可能对健康不利的证据。

然后在 1994 年的 4 月 14、15 日，七大主要烟草公司的首席执行官来到了位于首都华盛顿的国会大厦。

一个国会议员小组要求七位首席执行官解释他们的公司是如何生产和销售香烟的。

听证会的焦点主要集中在几个问题上，其中最尖锐的如下：

1. 香烟是否会带来健康问题；

2. 烟草公司销售市场的建立是不是基于香烟众所周知的成瘾性上；

3. 烟草公司是否操控香烟中的尼古丁浓度以让烟民成瘾程度更深。

刚开始，七位首席执行官都非常熟练地说着看似专业实则含糊不清的官方辞令。但最后一位国会议员提出了一个简单的问题，从这些公司高层那里归结出了一个统一的简单的答案。

以下是他们向美国众议院能源和商务委员会下属的健康和环境附属委员会所做的证词的记录。

> 议员代表罗恩·怀登（Ron Wyden）：我先来问问你们，很直接的一个问题，是不是你们每个人都认为尼古丁不会成瘾。实际上我听到你们每个人都涉及了这个话题。很简单地回答我，"是"还是"否"，你们是不是认为尼古丁不会成瘾？
>
> 坎贝尔：是，我认为尼古丁不会成瘾。
>
> 怀登议员：约翰斯顿先生？

詹姆斯·约翰斯顿先生：议员先生，香烟和尼古丁显然不符合成瘾的经典定义。并没有中毒迹象。

怀登议员：你这个回答我们认定为"否"。时间宝贵，如果你们能够……我想你们都认为尼古丁不会成瘾。我们需要这个确切答案做记录。

泰迪欧先生：我认为尼古丁和我们的产品都不会成瘾。

霍里根先生：我认为尼古丁不会成瘾。

蒂施先生：我认为尼古丁不会成瘾。

桑德弗先生：我认为尼古丁不会成瘾。

唐纳德·约翰斯顿先生：我也认为尼古丁不会成瘾。

因为这段证词，七位首席执行官获得了 1996 年"搞笑诺贝尔奖"医学奖。

获奖者无法，或不愿意出席颁奖典礼。

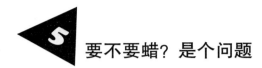

要不要蜡？是个问题

本研究的目的是探讨病人对牙线是否打蜡的偏好情况，以及进一步了解每个个体的牙线使用习惯。实验对象是从前来进行例行牙齿检查的病人中随机抽取的，并自愿实验外观相近的同品牌有蜡/无蜡型牙线的100人。在分别用两种牙线清洁口腔前面和后面的牙齿后，病人会指出自己更喜欢的牙线类型。

——摘自博蒙特已发表的论文

▌正式宣布▐

 兹将"搞笑诺贝尔牙科医学奖"授予：

 明尼苏达州肖尔维犹的罗伯特·H.博蒙特（Robert H.Beaumont），以表彰他简洁明了的研究《病人对有蜡／无蜡型牙线的偏好》（Patient Preference for Waxed or Unwaxed Dental Floss）。

他的研究发表在科学期刊《牙周病学杂志》（*Journal of Periodontology*）1990 年 2 月第 61 卷第 2 册第 123-125 页。

人们更喜欢有蜡型牙线还是无蜡型牙线?

想解答这个问题有几种方法。制造商可能会问哪种产品的销量更高。公共卫生官员可能会问哪种牙线对保持牙齿牙龈健康更有效。

罗伯特·H.博蒙特医生,美国北达科他州格兰德福克斯空军基地第 842 号战略医院牙周病科主任,却用了第三种方法来解答这个问题。博蒙特医生把这个问题从购买习惯和健康作用中剥离出来,回到最原始最根本的形式上:只论单纯的心理偏好,人们到底更喜欢哪种牙线?

哪怕是最简单的牙线研究也会在一开头就提到查尔斯·C.巴斯(Charles C.Bass):"查尔斯·C.巴斯最早发明了将特殊处理过的不打蜡尼龙线当做牙线的用法,他是如今已相当普遍的个人口腔保健技术的开山鼻祖。"这句话是博蒙特医生写的,这时距巴斯医生独具慧眼地用细细的尼龙丝拉开口腔保健时代已过去了至少 35 年。

(牙线诞生的故事至今还没被完整地写下来过。故事中出现了不止一位关键人物,还冒出很多毫无预兆的转折。由于篇幅所限这里无法为大家仔细讲述这个故事。)

Patient Preference for Waxed or Unwaxed Dental Floss*

Robert H. Beaumont

THE PURPOSE OF THIS STUDY was to discover patient preference for waxed or unwaxed dental floss, and to learn more about individual flossing habits. One hundred patients randomly presenting for routine dental examinations volunteered to sample a brand of similar-appearing waxed and unwaxed dental floss. After flossing an anterior and a posterior contact area with both types, the patients indicated whether they preferred the waxed or unwaxed floss. The patients also answered questions concerning their flossing

获奖论文

博蒙特医生的牙线偏好研究在 100 位病人中展开了。

首先他从一个没有任何标记的盒子里抽出一截牙线给每位病人，病人们一边听他讲解牙线用法，一边用牙线清洁两颗门牙牙缝及两颗后牙牙缝。

博蒙特医生非常科学地安排了实验过程以保证随机性。一半的病人先拿到有蜡牙线再拿到无蜡牙线，另一半病人则顺序颠倒。

最后，博蒙特医生向每位病人询问他 / 她更喜欢那个牙线。他后来的论文中总结道："所有人在测试之后都马上有了一个清楚的偏好。"

79% 的病人更喜欢有蜡型牙线，剩下 21% 的病人则偏爱无蜡型。

之后，博蒙特医生向每位病人询问了对牙线的质量评估结果。他将这一结果记录下来并在后来发表的论文中写成总结。每个有牙的人都应该仔细咀嚼下面这段话：

> 最常见的对有蜡牙线的不满之处在于这种牙线感觉上太"厚"，尽管这并不会导致使用上的困难。无蜡型牙线给人"更细"的感觉，偏爱这种牙线的人通常都是爱它这一点。

因为罗伯特·H.博蒙特医生的牙线偏好研究简单明了，他获得了 1995 年"搞笑诺贝尔"牙科医学奖。

博蒙特医生无法亲自参加颁奖典礼，但他向大会寄来了一份事先录好的获奖感言。接受颁奖后他说：

你们知道，有个"搞笑诺贝尔奖"绝对比"完全没有诺贝尔奖"好多了。现在全世界都知道在我的研究中79%的病人偏爱有蜡型牙线。不幸的是我们还发现只有29.5%的病人每天都使用牙线。让人震惊的是17%的人一周都不用一次牙线，这个统计数据真忧伤。我希望我的论文能够成为一种激励因素，促进更多的人用牙线，改善这个统计结果。最后我要感谢我的妻子，是她给了我这个研究的灵感，没有她的支持就没有这一切。谢谢你们。

在与"搞笑诺贝尔奖"组委会的交谈中，博蒙特医生泄露了他做这个研究的真实原因。他说当时在军队里呆着，"实在太闲了"。

搞笑诺贝尔之

哪种牙线更好？

博蒙特医生只研究了病人更偏爱哪种牙线，但他没有做实验研究哪种牙线更有效。他认为之前的大量研究已经对这个问题有了结论。正如博蒙特医生在自己的文章中所写："一种毫无根据的认为无蜡型牙线更有效的想法一直绵延至今。"

chapter 8

和平与宁静

　　和平与宁静是这个世界美好的地方之一，它们时不时出现，有时在这里，有时在那里。下面的三个"搞笑诺贝尔奖"故事，都是关于对和平宁静的追寻的故事。

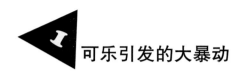

可乐引发的大暴动

就算我死在这里，我的鬼魂也会回来跟百事可乐斗争。这是他们的错，不是我们的。他们拒绝给钱。所以我们要继续斗争下去。

——一位在马尼拉参加抵制百事可乐活动的示威者向《洛杉矶时报》解释她为什么要参加抗议活动，她的丈夫在一次抵制百事可乐的示威活动后因心脏衰竭而死，她自己的身体状况也十分不好，但她仍坚持参加抵制活动

正式宣布

兹将"搞笑诺贝尔和平奖"授予：

菲律宾的百事可乐公司，甜美希望和梦想的提供者，因为他们赞助了一场可以成就百万富翁的比赛却宣布了错误的获奖号码，使得 80 万名潜在获奖者集合起来，促成了这个国家历史上第一次各个敌对帮派间的大合作。

百事赞助的这场比赛的信息来源之一，是一个由一群怨念深重的奖券持有者运行

的网站。这些人的组织叫做"消费者保护和福利同盟"，他们的"百事 349"（349 为当时百事错误宣布的获奖号码）网站地址是 www.iconex.net/pepsi349。

● ●

百事可乐可口可乐，可口可乐百事可乐。这两大可乐供应商在菲律宾展开了激烈的对战——当然他们在哪都打得很凶。1992 年初，百事可乐搞出了一个强力招数，一场叫做"火热数字"的比赛。在菲律宾，赌博比赛非常盛行，所以这看上去是个挺好的主意。本来也应该是。

不论是对百事可乐公司还是对消费者们来说，"火热数字"一开始是非常欢乐的。活动本身很简单，却有可能赢得大笔奖金。每个瓶盖内侧都印有一个数字。大约每 5 万瓶中就有 1 瓶可以中奖，奖金可以高达 100 万比索（合约 4 万美金）。只要买一瓶百事可乐，你就有 1/28000000 的机会赢得百万奖金。买的越多，成为百万富翁的几率越大——虽然大也大不了多少，中奖希望十分渺茫。当时的宣传标语是，"今天，百万富翁可能就是你！"最后总计有 10 个人获得了较高金额的大奖，还有一些小奖中奖者。

这场比赛成为当时的大热门活动。百事可乐大卖，可口可乐销量骤跌。

菲律宾百事可乐有限公司（PCPPI）的经理欣喜若狂，告诉记者火热数字是"世界上最成功的市场推广活动。全国有一半的人都参与其中。目前世界上还没有其他推广活动可以吸引到这么高的参与率。"顾客们都是能买多少买多少，很多人每天都要买一箱 24 瓶装的，连续买很多周。对百事来说，这次真是赚大发了。

百事可乐想抓住这个大好机会，于是决定扩大比赛规模。他们将选出几个新的获奖号码，并送出 8 个新的百万比索大奖。

但有些地方出了点小错。

1992年5月25号，百事公司宣布一个新的获奖号码为349，如之前一样这天的晚间新闻把这个消息传向全国。

问题很快出现了，原来在"火热数字"活动的第一阶段349并不是个获奖数字，大约有80万人曾买到瓶盖印有349的瓶装可乐。现在这80万个瓶盖每个都值100万比索了。

后来发生的事要是详细叙述可就真是说来话长了，反正故事从法院到警察局又上了菲律宾各大报纸。如果狠狠心省掉一些有趣好玩的细节，这个故事就可以被准确地总结为一句话：骚乱爆发了。

这里有个详细一点点的压缩版事件经过。

人群聚集在菲律宾的12家百事可乐装瓶工厂门前。这是怒不可遏的人群。菲律宾百事可乐有限公司董事会连夜开会商量对策。他们经过计算，发现如果兑换所有这些瓶盖，公司要付8000亿比索（约合320亿美元），这个数额超过马尼拉证券交易所列出的所有公司的价值总和。于是董事会决定撤销349这个获奖号码，另选一个新号码。董事会向外界宣布这一决定，人们很不高兴。然后骚乱发生，至少两人丧生。至少有38辆百事公司的卡车被毁。报道称许多百事公司官员逃离菲律宾。百事公司承诺向每位持有349号瓶盖的人支付500比索而非100万比索；兑付期限为两周。有几百万的瓶盖所有人接受了这500比索，还有几百万人拒绝接受。于是开始打官司。甚至出现了刑事诉讼。民事诉讼与刑事诉讼的总数最后超过1万起。

鉴于菲律宾百事可乐公司让这么多人为了一个简单的原因就团结在一起，他们获得了1993年"搞笑诺贝尔奖"和平奖。

获奖者无法，或不愿意参加颁奖典礼。

许多由这次事件引起的诉讼在其后几年中都逐一得到解决，但依然有人直到十多年之后仍不肯放弃，继续在法律的道路上维护自己的权益。

2 核武器与好邻居

国际社会应当对印度这一世界人口第二大国等了足足50年才走出这一步心怀感激。

——印度总理阿塔尔·比哈里·瓦杰帕伊先生如是说，摘自 1998 年 5 月 16 日的《纽约时报》

如今我们跟印度打成平手了。

——巴基斯坦总理纳瓦兹·谢里夫如是说，摘自 13 天后的《纽约时报》

正式宣布

兹将"搞笑诺贝尔和平奖"授予：

印度总理阿塔尔·比哈里·瓦杰帕伊先生（Shri Atal Bihari Vajpayee）和巴基斯坦总理纳瓦兹·谢里夫（Nawaz Sharif），以表彰他们具有挑衅意味地和平地试爆了核弹。

阿方斯（Alphonse）和加斯顿（Gaston）是两个传统漫画人物，他们俩都喜欢坚持让对方先行动。尽管这两个人物被设定成法国人，英语中的一句老话"keeping up with the Joneses"（意为"跟左邻右舍攀比"）却很准确生动地形容出了两个人物的状态——两个喜欢互相比较希望自己胜过对方的邻居。这个说法应该来自美式英语。而现实生活中一个特别好的例子却来自于两个南亚国家，印度和巴基斯坦，两国在 1998 年之前多年内的表现恰到好处地诠释了这个短语。

阿方斯和加斯顿，印度和巴基斯坦，都喜欢没完没了地邀请对方先行一步——无论大事小事、这事那事，礼貌到过分的程度。

在其中一方先采取行动之前，两方都假惺惺地坚持要对方先来，先开枪，先用迫击炮轰炸，先派兵，先扔第一颗炸弹，先买第一架喷气式战斗机，先买第一架新型喷气式战斗机，先发射第一枚远程导弹。

每一次互相谦让可能会持续几个星期，几个月，甚至几年，然后可能是阿方斯很不情愿地先行一步，也可能是加斯顿老大不高兴地先采取行动。

到了 1998 年，谦让的新目标成了试爆核弹。两方之前都没有试爆过，两方都坚持对方应该先来。礼貌互让的程度甚至又上了一个新台阶——两方都说只有对方有核弹，自己可没有。（实际上很多年以前印度曾炫耀地试爆过一个核弹，但到了 1998 年，双方都默默地心照不宣地忽略了这个事实。）

同以往一样，阿方斯和加斯顿总有一个撑不住先跨出了第一步。

1998 年 5 月 11 日，印度进行了三次地下核弹爆炸。两天后，又是两次核弹爆炸，正式完成从"阿方斯"模式切换到"告诉邻居我比你厉害"模式。

巴基斯坦用了 17 天时间从"加斯顿"模式切换到"紧跟邻居的脚步"模式。5 月 28 日，巴基斯坦引爆 5 枚核弹。巴基斯坦总理纳瓦兹·谢里夫说："今天，我们跟印度，打成了平手。"两天之后，他想起"紧跟邻居的脚步"通常都要再切换成"比先打炮的邻居多打一炮才算赢"模式。于是 5 月 30 日，巴基斯坦又多引爆了一枚原子弹。

现在这俩别别扭扭的邻居总算各自觉得心满意足了。烧钱大比拼结束，阿方斯变回阿方斯，加斯顿继续做加斯顿。

因为这股跟邻居死死摽着劲的精神，阿塔尔·比哈里·瓦杰帕伊和纳瓦兹·谢里夫一同获得了 1998 年的"搞笑诺贝尔奖"和平奖。

获奖者无法，或者不愿意出席颁奖仪式。

瓦杰帕伊总理与"搞笑诺贝尔奖"之间有一种神奇的缘分。在获奖 6 年之后，瓦杰帕伊于选举中在自己家乡的选区打败了一名"死者协会"的挑战者。这距离"死者协会"的创始人拉尔·贝哈里拿到"搞笑诺贝尔奖"和平奖仅仅 8 个月时间，且这名在法律上已经死亡的挑战者是在拉尔·贝哈里的鼓励下参加竞选的。最后，瓦杰帕伊总理成功让自己的政治生涯延续了下去，而那名挑战者则依旧在法律和政治的意义上，"死"着。

3 被拉链夹住的小弟弟

文中表达的观点只代表作者的想法，完全没有影射海军部、国防部或者美国政府官方政策的意思。

——摘自诺兰、史迪威和桑兹发表的论文

正式宣布

兹将"搞笑诺贝尔医学奖"授予：

詹姆斯·F.诺兰（James F.Nolan），托马斯·J.史迪威（Thomes J. Stillwell）和小约翰·P.桑兹（John P.Sands，Jr），以表彰这些充满仁慈关爱之心的医者所做的看着就疼的研究报告《小弟弟被拉链夹住后的紧急处理》（Acute Management of Zipper-entrapped Penis）。

他们的研究论文发表在学术期刊《急救医学》（*Journal of Emergency Medicine*）1990 年 5-6 月第 8 卷第 3 册第 305-307 页。

ACUTE MANAGEMENT OF THE ZIPPER-ENTRAPPED PENIS

James F. Nolan, MD, Thomas J. Stillwell, MD, and John P. Sands, Jr., MD

Departments of Urology and Clinical Investigation, Naval Hospital, San Diego, California
Reprint address: LT J. F. Nolan, MC, USNR, c/o Clinical Investigation Department, Naval Hospital, San Diego, CA 92134-5000

Abstract — A zipper-entrapped penis is a painful predicament that can be made worse by overzealous intervention. Described is a simple, basic approach to release, that is least traumatic to both patient and provider.

Keywords — zipper; foreskin/penile skin; bone cutter

INTRODUCTION

Uncircumcised young boys occasionally catch their foreskin in the process of ripping or unzipping clothing. A simple method for extraction of the male foreskin entrapped in a zipper, which is presented in this case report, has been noted previously in the pediatric and

briefly anesthetized for the zipper removal. Using the jaws of a strong bone cutter, the median bar of the zipper fastener was cut and the upper and lower shields of the device separated, releasing the skin with minimal resultant injury (Figure 2). A formal circumcision was then undertaken at the parents' request.

DISCUSSION

The foreskin of the uncircumcised male, and less often the redundant penile skin of the circumcised male, may be entangled by a zipper. This occurs most commonly in the downward unzipping movement, but can also occur, as in our patient, with the upward closing of the zipper. Males who go without protective underclothing and

诺兰等人的获奖论文

　　只用了 33 个英文单词，詹姆斯·F. 诺兰，托马斯·J. 史迪威和小约翰·P. 桑兹三位医生就给这个让他们闻名整个医疗界的研究做了个很好的总结：

> 　　小弟弟被拉链夹住又痛又囧，但过分热心的干预只会越弄越糟。文中所述的是一个简单基本的缓解疼痛的方法，并且此方法对实施者与病人带来的伤害都是最小的。

　　一切都是从一个简单的小事故开始的，一个小男孩的包皮被自己的睡裤拉链夹住。医生们用一个锯骨头的装置把拉链齿弄断，才解救了他。"之后在孩子父母的要求下为他进行了环切手术"，医生们如是报告。

　　于是医生们发表了一份正式的学术论文，让其他医生们在面临类似的情况时不至于措手不及。

以下是他们对可能发生的状况所做的解说：

> 未进行环切的男性的包皮以及已环切的男性的阴茎部皮肤（较少见）可能会被拉链夹住。这种情况最可能发生在向下拉开拉链的时候，当然在向上拉上拉链的过程中也可能发生（这次的病人即为这种情况）。没穿内裤的男性或者穿着带有前开拉链的有着睡意的儿童是这种伤害的高发人群。

三位医生认为处理这种情况时训练和经验都是很有价值的。他们写道："强行拉出的行为，包括想要硬把拉链拉开或撬开拉链，通常不会成功，且会造成疼痛并可能导致进一步的伤害。我们的病例示范了一种简单、快捷且几乎不造成疼痛的解救方法。"

因为对一种要求十分精细的危险状况的充满技巧的处理，诺兰，史迪威和桑兹获得了1993年的"搞笑诺贝尔奖"医学奖。

詹姆斯·诺兰医生从宾夕法尼亚州西部赶来参加了颁奖典礼。在接受奖项时他说：

> 我真希望我的母亲能够在这里看着我接过奖杯。我和同事们从没想过这样一个简单的文章竟然会吸引这么多人的注意。我为将我辈从阴茎受伤中拯救出来作出了自己的努力。而你们今晚给我的认可更激励着我，让我对继续探索阴茎疼痛的治疗和应对产生了更大的兴趣。我和我的同事在圣地亚哥的海军医院工作——我们也是在这家医院进行了这项研究，而远在加州大学旧金山分校的另一个

小组，已经在处理阴茎被人咬伤的状况上取得了进一步的进展。现在，由于我已经成为了一名美国乡村的泌尿科医生，我和我的新同事希望可以进一步发掘治疗由农场动物造成的泌尿科外伤的重要性。

之后诺兰医生搬到了北卡罗来纳州的费耶特维尔，他的到来让社区里的男同胞都倍感安心。

chapter 9

瞧！厉害吧！

  科学研究，有时候，还真能成功呢。下面我们要讲的是四个成功的科学发现，这些故事里的研究对象原本不过是水、被大炮轰过的鸡、被压扁的虫子和对发横财的渴望，但科学家们为这几样东西带来了新的理解。

浴帘之谜

到目前为止，对浴帘运动的解读都停留在理论层面。各家看法不同争论不休，而想法基本都来源于伯努利效应（Bernoulli Effect）或所谓的浮力效应。伯努利效应就是那个用来解释机翼怎样让飞机飞离地面的定律。定律的内容是一种流体速度加快时，物体与流体接触的界面上的压力会减小，反之压力会增加。但伯努利效应的基础是压力与加速度之间的平衡，且不适用于有小流体滴存在的情况。通过我的计算，它也不适用于浴帘的偏斜运动。

——大卫·施密特，引自 2001 年的《科学美国人》

正式宣布

兹将"搞笑诺贝尔物理学奖"授予：

马萨诸塞大学的大卫·施密特（David Schmidt），以表彰他部分解决了洗澡时浴帘为何向内扬起的问题。

想了解更多大卫·施密特的浴帘研究的技术细节，可向马萨诸塞大学的机械和工业工程系查询。

大卫·施密特从没因为洗澡时浴帘总向内飘起来而烦恼。浴帘都这样嘛。但他做了一件任何优秀的工程师都会做的事——分析其中的流体力学。他并没有只做个大致分析就了事，相反，这一研究可能是有史以来关于向内飘的浴帘的最全面分析了。

大卫·施密特教授是液体飞溅、气穴现象（指在流动的液体中，因为压力差在短时间内发生气泡的产生和消灭的物理现象。生活中眼镜店用超声波来清洗眼镜，利用的就是气穴现象。——译者注）以及其他被称为"多相流"方面的专家。他的主要工作简单来说就是研究燃料被打进某种机械的燃烧室时发生的过程。他接受过良好的科学训练，在多年的工作中积累了许多学术经验，而这些都在解决"为什么岳母家的浴帘一直往身上裹"这一问题时派上了用场。

其实前辈科学家们也考虑过这个问题。答案中主要包括两种不同意见，一种认为浴帘内热空气上升，导致浴帘外的冷空气向内运动，整个过程差不多就是烟囱效应（烟囱效应是指户内空气沿着有垂直坡度的空间上升或下降，造成空气强烈对流的现象。——译者注）。另一种意见则涉及著名的伯努利定律，浴帘内的空气流动速度快，浴帘外的空气流动速度慢，从而在浴帘两侧形成了压力差。

施密特教授一边洗澡一边思考着这个问题，水流打在他身上，浴帘慢慢飘起向他靠近。就在这时他决定要运用自己的专业知识解开谜团。他要利用好自己的电脑。反正一句话，他要运用现代科技解答这个问题。

下面是由他自己写的解答过程：

为了方便计算，我建立了一个典型的淋浴模型，并将淋浴的区域划分为 50000 个小单位。浴缸，莲蓬头，浴帘撑杆和淋浴空间之外的空间都不包括在内。我利用晚上和周末（这时我妻子不用电脑）用家里的电脑运行程序，前后弄了两个星期。程序中模拟的是 30 秒的淋浴。当模拟结束，程序显示飞溅的水可以驱使一个涡流的产生。这个涡流的中心——类似于气旋的中心——是个低压区域。是这个低压区域将浴帘向内吸过来。

施密特教授浴帘研究的示意图。图表由 Fluent 公司提供，此公司为施密特取得研究突破时所使用的软件的开发商

他发现喷头喷出的水会制造出一个涡流——就像是束缚在浴室一角的旋风、迷你龙卷风。他发现这个涡流似乎是浴帘运动的主要推动力。以前的那些科学家并没有说错，但施密特教授认为他们没意识到自己的理论只是答案的一部分。

施密特的研究将物理学带向了一个新的高——哦不——湿度，测试的细致程度是前辈工程师和物理学家们难以达到的。但他的研究结果可能并不会是这个问题的盖棺之论。莲蓬头的种类、样式和效能各有不同，浴室的空间形状与面积也各有区别。这些都是应该考虑的因素。未来某天，会有更强大的电脑出现，让未来的某个大卫·施密特可以把浴室空间划分为 50 万、500 万甚至更多个小单位来研究，远超过大卫·施密特取得突破的 5 万个。

因为利用计算机搞清楚了浴室里存在的小气旋，大卫·施密特获得了 1999 年"搞笑诺贝尔奖"物理学奖。

获奖者自费前来参加了颁奖典礼。在接受颁奖的时候，他戴上了一项塑料浴帽，然后说：

> 谢谢。"搞笑诺贝尔奖"是我这个研究所能获得的最高奖项了。我以计算流体力学为生，但我想用自己所学去做一些单纯只是为了满足好奇心的研究。没有研究经费，没有合同，没有对研究成果的要求，这一切都给这个研究带来了更多乐趣。这一切使得这个研究是完完整整属于我的。

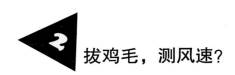

2 拔鸡毛，测风速？

一种可以测出龙卷风风速的方法是通过实验测量能把一只鸡身上所有羽毛都吹掉的风速是多少，这种风过拔鸡毛的现象在强劲的风暴中时有发生。

——摘自伯纳德·冯内古特的获奖论文

▌正式宣布▐

兹将"搞笑诺贝尔气象学奖"授予：

纽约州立大学奥尔巴尼分校的伯纳德·冯内古特（Bernard Vonnegut），以表彰他所撰写的深度挖掘实验结果的论文《从鸡的被拔毛程度测量龙卷风风速》（Chicken Plucking as Measure of Tornado Wind Speed）。

他的研究论文发表在学术期刊《天气预测》（*Weatherwise*）1975 年 10 月第 217 页上。

在思考一只死鸡被大炮轰过以后会出现什么效果时，伯纳德·冯内古特用上了一个很有利的工具：他的常识。

利用鸡被拔毛的程度检测龙卷风风速的方法出现在 H.A. 哈森（H.A.Hazen）的《龙卷风》（*The Tornado*）一书中，此书出版于 1890 年。哈森介绍了俄亥俄州西储大学教授伊莱亚斯·卢米斯（Elias Loomis）在 1842 年做的实验：

Chicken Plucking as Measure of Tornado Wind Speed

B. VONNEGUT, *Atmospheric Sciences Research Center, State University of New York at Albany, Albany, New York 12222*

e way of estimating the wind in a tor- vortex is to determine by experiment air speed is required to blow all the ers off a chicken, a phenomenon (Flora, Ludlum, 1970) known to occur in these storms. Hazen (1890) gives the fol- ng account of such an experiment carried by Elias Loomis in 1842.

The stripping of fowls attracted much attention in this and other tornadoes. In order to determine the velocity needed o strip these feathers, the above six- ounder was loaded with five ounces of

termine what is known about the forces re- quired to remove feathers. It was found that the force with which the feathers are held by the follicles is highly variable and in the circumstances of a tornado might be greatly reduced. It depends not only on the bird's health and molting period, but also the state of its nervous system (Voitkevich, 1966). A response known as "flight-molt" is recognized in which during conditions of stress the bird's follicles relax so that the feathers can be pulled out with far less force than is normally required (Payne, 1972). Possibly this may be a mechanism for sur-

伯纳德·冯内古特的获奖论文

　　在此次及其他的一些龙卷风中，家禽的拔毛现象都吸引了不少注意力。为了测量拔去这些羽毛所需的速度，我们将六磅炮内装上 5 盎司（约合 142 克）火药，"炮弹"则是一只刚刚死去的鸡。卢米斯教授说，"炮筒垂直向上开炮。羽毛飞出 6-9 米高，并被风吹散。测试中我们发现，被拔下的羽毛很干净，上面几乎没有粘着皮肤组织。鸡被轰成了很多块，只能找到残骸中的一部分。（鸡被打上天的）速度约为 550 千米 / 小时。以这种速度被打上天的禽类都粉身碎骨了；如果速度再慢一些，可能能够在留有全尸的情况下把大部分羽毛都拔下。"

伊莱亚斯·卢米斯，最早进行拔鸡毛实验（1842年）的人，133年之后，伯纳德·冯古内特发现卢米斯犯了一个严重的错误

在还没有其他方法可以测量狂风风速的时候，这基本就是测速的实验水准了。

在卢米斯做完这个著名实验的100多年以后，伯纳德·冯古内特——一名来自纽约州立大学奥尔巴尼分校的物理学家，又对这个问题进行了深入分析。

当时的冯古内特已经是气象学界的名人。他和同事发明的人工降雨法直到今天还是最好的方法。伯纳德·冯古内特还一直是弟弟的榜样，鼓励着弟弟的创作——他的弟弟就是知名小说家库尔特·冯古内特。

伯纳德·冯古内特从卢米斯用大炮轰鸡尸体的试验中看出了两个难点。

第一点，他这样写道，"鉴于很难判断最后的结果是由火药爆炸造成的还是由鸟与空气的相对运动造成的，这个版本的实验设计还有很多值得商榷的地方"。

第二，他指出，不同的鸟被拔毛的难易程度不尽相同，与鸟的健康状况、换羽周期以及"它的神经系统状况"都有关系。冯古内特在论文中写道，有种"叫做'飞行脱毛'的现象"，即当鸟类处于应急状况下时，它的毛囊会张开，使得羽毛比正常状态下更容易脱落。这也许是一种生存机制，让捕食者咬到一嘴毛后鸟类却可以趁机逃脱。

"从毛囊中拔去羽毛所需的力度波动幅度很大，影响因素复杂多变难以预测，并且跟鸡本身的状态和它对外界的反应密切相关，鉴于此，若作为检测风速的参数，拔毛现象并不可信。"

冯古内特总结道"很可能拔毛所需的风力并不用像试验中预测的那么猛烈"。

伯纳德·冯古内特因为坚定地推翻了一个科学中古老而权威的假设，获得了 1997 年"搞笑诺贝尔奖"气象学奖。

获奖者在颁奖典礼的几个月前去世了，但他的 5 个儿子和同事朋友代表团参加了颁奖典礼，并代表他接受了奖项。他的儿子彼得代表所有人致辞：

> 我想你们可能明白，这一切都让我们有些家人感到惭愧。我们当中没人继承父亲的衣钵。我们都离科学很遥远。我甚至不知道如果他知道自己获了这个奖是会开心还是不开心。但我们几个人用父亲的差旅费来到这里，并且玩得非常开心。谢谢大家。

然后冯古内特兄弟们试着在台上演示如何用大炮把鸡笔直地打上天。在爆炸发生之前"搞笑诺贝尔奖"组委会果断阻止了这场演示，因为组委会知道坎布里奇消防局就在桑德斯剧场隔壁，他们可不希望这个砖木结构的古老礼堂里有人开大炮。

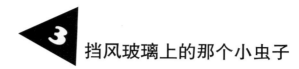

挡风玻璃上的那个小虫子

有些品种会被公路吸引（比如瓢虫），其他的则是被车灯吸引（比如蛾子）。因此，很多虫子都不是故意撞上司机的。幸运（也可能是不幸，仁者见仁吧）的是，这会提供一个独特的机会来鉴别和了解这些美丽的虫子。

——摘自《你车上的那滩小污迹》一书

▌正式宣布▐

兹将"搞笑诺贝尔昆虫学奖"授予：

佛罗里达大学的马克·霍斯泰特勒（Mark Hosteler），以表彰他在他的学术著作《你车上的那滩小污迹》（*That Gunk on Your Car*）中教人如何鉴别撞到汽车车窗上的虫子。

此书由十速（Ten Speed）出版社于 1997 年出版。

马克·霍斯泰特勒想要探索什么种类的虫子会出现在哪里，数量有多少。为了完成这个工作，他研究了虫子与汽车进行互动后的终产品。

作为昆虫学的研究生，霍斯泰特勒整天出没于北美的公交车站。乘公交车时，他从不会从挡风玻璃望出去，而是直接盯着挡风玻璃看。在每个公交车站，霍斯泰特勒都会小心地把汽车前方玻璃、护栅和车灯上大量的虫子收集好。

对一个喜欢虫子的科学家来说，公交车的前部是种非常高效的收集工具。它面积大，且高速穿梭在虫子密集的地方，它的收集效率足以令捕虫网、捕虫带和捕虫罐等小型收集工具蒙羞。

不过凡事都有两面性，公交车前部也有个缺点。它收集来的不是虫子残骸，就是虫子泥，而非完整的虫子。不过对马克·霍斯泰特勒来说这不是个大问题。他自学了从不同的虫子尸首辨认虫子种类的本事。蚊子，蚋，绿头苍蝇，蚱蜢，蟋蟀，蜻蜓——每种都有自己的特点。

死亡来得如此突然，虫子们没时间来一首悦耳的绝唱，最多只有一声打击乐为自己送别。它们的一生是鸣着美妙音乐的一生，但留下的艺术遗产却是纯视觉的，让人倍觉伤感。而它们在一瞬间用生命画出的斑点，只有在受过良好训练的观察者眼中才是美丽的。

霍斯泰特勒积累了丰富的观察昆虫残骸的知识，并把这些知识提炼成了一本 126 页的小书。这本书的精华、被昆虫收集者们——至少是被昆虫残骸收集者们——所看重的（或者将来某天将会看重的）精髓所在，就在书的正中间，54 和 55 页之间。霍斯泰特勒在这里放了 27 个绚丽的色板。

鉴于即使是同一品种的虫子残骸之间也有着巨大的差异，霍斯泰特勒设计了一种折中的方法来描述原始的残骸：

> 大家可以想象，我在将一个虫子的残骸与物种名称对应时遇到了不少困难。大多数时候我都是将残骸归到一大

类昆虫中（比如蚊子或者蟋蟀），而非一个具体的物种中。在鉴定残骸时，要记住残骸的外观非常多变；但每个残骸都有一些属于某类昆虫的特征，我将列出最显著的几类残骸特征。

下面是从许多特征中摘选的三个：

蚁类：通常是一个湿漉漉的小白点，长约 8-15 毫米。

蝴蝶和蛾子：蝴蝶和蛾子的残骸通常是粘稠的、白色或黄色的，里面有一些小结块。这种残骸通常会从撞击点延伸出去（10-90 毫米），残骸的边缘线上有一些鳞片（灰尘样的小颗粒）。

草蜻蛉：草蜻蛉的残骸总是一条长长的轻薄的发绿的线（可长达 10 厘米），线的一端有一滴小小的液滴。

马克·霍斯泰勒因仔细分析昆虫的残骸，获得了 1997 年"搞笑诺贝尔奖"昆虫学奖。

获奖者自付旅费从佛罗里达州的盖恩斯维尔赶来出席颁奖典礼。他的未婚妻梅丽尔·克莱因（Meryl Klein）坐在观众席中，后来她说她当时坐在一对老夫妇旁边，这对夫妇明显是"搞笑诺贝尔奖"颁奖典礼的常客了，他们带了一大堆纸来折纸飞机。克莱因说他们用的纸似乎有哪里怪怪的，但又说不上来，最后她终于鼓起勇气上前一探究竟的时候，发现原来这对夫妇特意收集了旧的报税表来折飞机。克莱因说，就在那时，她才真的明白了"搞笑诺贝尔奖"的真谛。

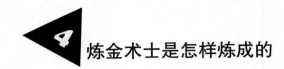

4 炼金术士是怎样炼成的

我的工作不可能是假的，否则我不会投身其中。

——约翰·伯克利斯，摘自《布莱恩大学城鹰报》1993年12月对其的
采访报道

正式宣布

兹将"搞笑诺贝尔物理学奖"授予：

德州农工大学的约翰·伯克利斯（John Bockris），以表彰他在
冷核聚变、基本元素转化为黄金以及城市垃圾的电化学处理领域取
得的广泛成就。

他的冷核聚变研究请参见《钯电极中氚与氦的生成以及其间氚的逸度》（Tritium
and Helium Production in Palladium Electrodes and the Fugacity of Deuterium Therein）（作者
约翰·伯克利斯等人），1992年10月21-25日在日本名古屋的第三届国际冷核聚变会议
的会议记录［此会议记录后集结成《冷核聚变前沿》（*Frontier of Cold Fusion*）1993年
第231卷，编辑：池上］；或参见《大量产生氚和氦的电极》（On an Electrode Producing
Massive Quantities of Tritium and Helium）（作者约翰·伯克利斯等人），发表在学术期刊

《电分析化学杂志》(*Journal of Electroanalytic*) 1992 年第 338 卷第 189 页。他的转化研究，请参见《水中碳棒间电弧反应的异常反应》(Anomalous Reactions During Arcing Between Carbon Rods in Water)（作者约翰·伯克利斯等人），发表在学术期刊《核聚变技术》(*Fusion Technology*) 1994 年第 26 卷第 261 页。

· ·

约翰·伯克利斯的一些同行评价他是个聪明、固执又自大的人。这些特点对一个想要做出伟大发现的人来说不一定是坏事，尤其是当这个人想做的是"点石成金"。

约翰·伯克利斯曾在德州农工大学就职多年，是一位傲慢专横但受人尊敬的化学系教授。在伯克利斯教授科研事业的后期，他开始进行一些颇令人惊叹的研究。

一开始，伯克利斯教授宣布自己成功完成了冷核聚变——即只用几个试管在常温下就可完成的核聚变反应。

为防有些人只记得这个名词和它所带来的争议，而不记得关于它的其他细节，在这里我们先讲讲冷核聚变的来龙去脉。大多数物理学家都认为核聚变很难实现，且成本太高——想达到太阳内部温度那样的高温需要耗费数千万美元。随后在 1989 年，犹他大学的斯坦利·庞斯（Stanley Pons）和马丁·弗莱希曼（Martin Fleishmann）公布了一个绝妙的想法——一个简单、低廉的实现核聚变的方法。他们把这种方法叫做"冷核聚变"。但后来人们发现庞斯和弗莱希曼公布得过于草率，他们的方法其实并未成功。于是全世界数百名科学家非常严谨仔细地尝试这个实验，但几乎没人成功，大部分人都认为冷核聚变这个想法很不错，但完全错了。

但约翰·伯克利斯却称自己非常谨慎地在自己的实验室里做了实验，冷核聚变成功完成了，一点不费劲。犹他大学的其他科学家和世界各地的一些科学家组队前往伯克利斯教授的实验室一探究竟。

几乎所有人都说啥也没看见。伯克利斯教授很不高兴，于是开始以疯狂的速度进行研究，并随后发布了一连串试验成功的消息。

后来他将一个神秘的研究者纳入麾下。这个神秘人正在研究如何将基本元素转化为金。他可以点铁成金，点水银成金。他甚至还带来了一位神秘资助者，愿意给伯克利斯教授一大笔钱赞助他的研究。

在数百年间炼金术一直是个美丽的梦想，但还没人成功过［一个可能的例外与几只鸡、几只猪和几只龙虾有关——详情请参见1993年"搞笑诺贝尔奖"得主路易斯·柯福兰（Loui Skervran）的研究］。过去三百年中科学的崛起，使人们学会了求证检验，而非盲信魔术师们神奇诱人的话语——而在这段时间里，几乎没有具有信誉的科学家报告自己点金成功。

伯克利斯教授实验室里的神秘研究者后来被发现叫做乔·钱皮恩（Joe Champion），是个很有意思的人物。他后来写了一本书叫做《20世纪的炼金术》（*20th Century Alchemy*），此书主要创作于他在亚利桑那州凤凰城的马里科帕监狱的服刑期内。

而那个更神秘的资助者叫做威廉·泰兰德（William Telander），此人因涉嫌参与一起国际金融诈骗而被美国证券交易委员会调查。

种种小挫折和那些讨厌的化学家同行的批评声不断出现，阻碍了伯克利斯教授迈向成功实现冷核聚变和点金术的步伐。

约翰·伯克利斯在众多科学的反对声面前依然坚持自我的精神，让他赢得了1997年"搞笑诺贝尔奖"物理学奖。

获奖者无法，或者不愿出席颁奖典礼。

几年之后，在许多同事的强烈要求下，伯克利斯教授很不情愿地从德州农工大学退休了。

chapter 10

芳香四溢

　　嗅觉被认为是我们所有感官中最原始的。这一章将要为大家讲述四个奇妙的香喷喷的获奖研究。

DNA 古龙水

此产品不含脱氧核糖核酸（DNA）

——每瓶 DNA 古龙水的包装上都印有这句提醒

▌正式宣布▌

> 兹将"搞笑诺贝尔化学奖"授予：
>
> 贝弗利山的毕扬·帕卡扎德（Bijan Pakzad），以表彰他发明了DNA 古龙水和 DNA 香水，两种香水均不含脱氧核糖核酸，并以三螺旋样式的瓶子盛装。

DNA 古龙水现于各大商店出售，您也可以直接向位于贝弗利山、纽约或者伦敦的毕扬香水公司购买。乔恩·马克斯（Jon Marks）教授针对 DNA 古龙水进行了分析研究，相关成果已撰写成文，题为"告别芳香汀：新型 DNA 古龙水解析"，文章已收录于《别客气，请随意使用科学》（马克·亚伯拉罕斯著，1997 年 W.H. 弗里曼有限公司出版）。

1952 年，詹姆斯·沃森（James Watson）和弗朗西斯·克里克（Francis Crick）发现了脱氧核糖核酸——也就是大家所熟知的

DNA——的分子结构，一个个小单位拼接成的神奇的双螺旋链震惊了全世界。这项发现具有重大的意义，因为自此科学家们开始了解基因，了解遗传信息是如何从父母到孩子一代一代传下去的。

十年之后，沃森和克里克因为这项成果被授予了诺贝尔奖。

这之后又过了三十年，DNA 激发了更重大——至少更芳香四溢的灵感：香水设计师，来自贝弗利山的毕扬发明了 DNA 古龙水。

毕扬的 DNA 古龙水价格昂贵，至于味道嘛，大多数人应该都觉得不赖。古龙水装在螺旋状的玻璃瓶内。尽管著名的 DNA 是由两条链缠绕而成——即双螺旋结构——毕扬的 DNA 古龙水瓶却成功超越了两条链，由三条链旋扭而成，也就是三螺旋。

香水的包装上写明 DNA 古龙水其实并不含任何脱氧核糖核酸成分。经过来自耶鲁大学的乔恩·马克斯分析，DNA 古龙水闻起来也一点不像 DNA。马克斯指出这其实是商业中的惯用手法。比如说迪奥的香水"毒药"，闻起来一点也不像毒药；科蒂的"斯蒂森毡帽古龙水"闻起来也一点不像帽子。

当然，DNA 古龙水也没法在科隆大学买到（英语中古龙水与科隆为同一个单词。——译者注），就算你去了遗传学研究所，找到那帮夜以继日辛苦研究 DNA 奇妙结构的科学家也买不到。

DNA 古龙水只能从生产商或者是他们授权的零售商那里买到，但如果你想送礼物给平时身上没有香水味或者需要点香水味去遮盖"其他味道"的科学家，这绝对是个好选择。

因为毕扬·帕卡扎德成功把脱氧核糖核酸转化成了一种香水新概念，他获得了 1995 年度"搞笑诺贝尔奖"化学奖。

不过因为毕扬·帕卡扎德先生与一位迷人的女星有约，他没能亲自参加搞笑诺贝尔奖的颁奖典礼。毕扬香水公司总裁萨莉·叶（Sally Yeh）从位于贝弗利山罗德欧街的公司总部赶到了哈佛的颁奖典礼现场，替帕卡扎德先生领奖。她向观众们赠送了一些 DNA 古龙水的小样，然后代表毕扬·帕卡扎德接受了奖项。她说：

> 今天，能够在这里代表世界上最具声望和最杰出的香水设计师，毕扬先生获颁这个奖项，我感到非常开心和荣幸。毕扬先生无法亲自参加颁奖典礼，但他对获奖感到非常高兴。现在他正跟著名女演员波·德瑞克（Bo Dered，因出演电影《十全十美》而出名的影星）拍摄我们最新的广告宣传片，有他俩搭档宣传片肯定是十全二十美了。面对着在座的这么多著名科学家，我真是有点惶恐，但我想在这样一个科学盛典上我还是应该谈谈 DNA。对我们而言，DNA 不只代表脱氧核糖核酸，还是毕扬三个孩子名字的首字母——丹妮拉（Daniela），尼古拉斯（Nicolas）和亚历山德拉（Alexandra）。这三个孩子可是非常与众不同的，因为他们不用去商场就能穿到设计师设计的牛仔裤。
>
> 其实，最初毕扬设计这款获奖香水时，他设想的 DNA 的含义应该是‘绝对（Definitely）不（Not）寻常（Average）’，或者‘靠（Damn）差一点（Near）就能买得起了（Affordable）’。但无论如何，我还是要代表设计师毕扬和毕扬香水公司的全体成员谢谢你们给我们这个奖。

"搞笑诺贝尔奖"组委会还安排了一个特别节目——诺贝尔奖获得者詹姆斯·沃森致辞。沃森知道 DNA 古龙水这东西后，曾经打电话去毕扬香水公司想要一点样品看看，但是公司里没人知道詹姆斯·沃森是谁，所以无情拒绝了他的请求。于是"搞笑诺贝尔奖"组委会特别致电毕扬香水公司，解释了沃森到底是谁，并安排他们给沃森送了一些 DNA 古龙水。

在"搞笑诺贝尔奖"颁奖典礼现场播放了沃森提前录制的致辞，致辞中他提到了他跟弗朗西斯·克里克在剑桥大学合作完成并刊登在著名科学期刊《自然》(Nature) 上的那个大发现。他写道：

> 1951 年我刚到剑桥的时候，弗朗西斯·克里克告诉我，他做科研有个独家秘诀。他说如果一个想法很好，它闻起来应该是……对的。后来当我们发现了双螺旋结构，它闻起来就很对。现在回想往事，我不禁觉得：要是当时我们把 DNA 古龙水喷到那篇双螺旋的投稿上再发给《自然》，这味道搞不好能让我们更快发表吧？

搞笑诺贝尔之

DNA之歌！

1995 年的"搞笑诺贝尔奖"颁奖典礼上，有许多节目都是以向 DNA 致敬为主题的，包括下面这首歌：

脱氧核糖核酸

[填词：当·凯特。曲：理查德·M. 舍曼 (Richard M.) 和罗伯特·B. 舍曼兄弟 (Robert B.Sherman) 为儿童音乐电影《欢乐满人间》中的插曲《Supercalifragilisticexpialidocious》谱的曲。]

和声部： 部分人唱：来个 D 呀来个 N，来呀来个 A

其他人唱： 这就是那个 DNA，D 呀么 DNA

独唱： 这个脱氧核糖核酸闻名全世界

从高山大海到草原，到呀到草原

谁让生物化学大改变？就是脱氧核糖核酸！

和声部： 部分人唱：来个 D 呀来个 N，来呀来个 A

其他人唱： 这就是 DNA，D 呀么 DNA

胸腺嘧啶胞嘧啶

还有那个腺嘌呤

独唱： 脱氧核糖核酸，每种语言都有它

中文英文到亚拉姆文，谁也避不开它

你管它叫 DNA？这一点也不帅！

我们叫它脱氧核糖核酸，脱氧核糖核酸！

杂志上的香水味

把阿凯德（Arcade）的互动样品技术与你的广告和营销工具结合起来吧！看看这组数据：当你的目标消费者看到、触摸、嗅闻、尝试甚至试用你的产品时，他们的阅读时间会随之提高10倍。这其中蕴含了无穷的可能性！

香氛？鲜花？食物？乐趣？我们的气味芬芳样品系统——从阿凯德最尖端的ScentStrip®样品机，到ScentSeal®，DiscCover®，MicroDot™和LiquaTouch®——可以为任何气味有助于促进销量的产品提供优秀的香味传递服务。最好玩的是什么？我们的MicroFragrance®系统可以让小孩、少年和成人们一起来玩"香味刮刮卡"，只要刮一刮就能闻到饼干、麦片、糖果的香气；几乎所有食物和饮料的香味我们都能做。

——摘自田纳西州查特努加市阿凯德公司的一则广告

▌正式宣布▌

兹将"搞笑诺贝尔化学奖"授予：

来自田纳西州瞭望山的詹姆斯·坎贝尔（James Campbell）和盖恩斯·坎贝尔（Gaines Campbell），以表彰这两位芳香传递者发明了香味片，就是这个讨厌的技术让杂志书页可以带上香水味。

香味片的部分历史故事可以向俄亥俄州代顿市的罗纳德道奇（Ronald T. Dodge）公司总裁罗恩·弗斯克（Ron Versic）查询。

喜欢香味片——就是杂志里夹带的可以闻的广告——的人似乎远没有讨厌它的人多。其实这样的情况并不会让人太吃惊，最早的香味片可是有意做成又难闻又讨厌的东西的呢。

当 1983 年乔治欧（Giorgio）香水首次利用香味片在杂志上做香水广告之后，香味片立刻成为了香水业的宠儿。乔治欧香水散发着迷人的、引人注意的花香，包裹在与众不同的耀眼的黄白间条包装盒中出售，而这耀眼的黄白间条正是比佛利山庄罗迪欧大道上散发着迷人的、引人注意的花香的乔治欧专卖店的遮阳篷上的图案。但当时这种香水之所以能够大卖，都是香味片广告的功劳。

这给香水业和时尚杂志业都带来了改变，也让邮递员们从此生活在水深火热之中——他们每天下班回家的时候身上的味道就像同时喷了十几种不同牌子的香水，其实实际情况也差不多是这样。

尽管香味片很不招人待见，但它们确实提高了昂贵香水的市场需求量，因此香水业的销售预算总为它们保留一席之地，杂志也乐于接纳它们。

从本质上来说，香水是被"打印"到杂志的书页上的，不过在打印之前香水先被装进了微胶囊中。微胶囊包装技术是一个化学的过程，即将本来放在一个大容器里的液体分装到上百万甚至上千万的小球中，每个小球里都只有一点点液体。

这小小的微技术却能带来大大的利润。再加上乔治欧香水成功打开这一领域之后，香水微胶囊化的需求与日俱增，经常有人为了这项技术中某个过程的专利权谁属而大打官司。

由于打的官司实在太多了，许多官司的最终结果就是双方签订协议不再争论细节问题。这段微胶囊包装技术和香味片的历史慢慢地被香水迷雾笼罩，越来越面目模糊。但这薄薄的香雾无法完全掩盖住这段一开始其实臭烘烘的故事。

20 世纪 50 年代，天然气公司开始往他们生产的天然气中添加一种臭臭的叫做"硫醇"的化学物质，这样一旦发生泄漏就很容易被人们察觉。硫醇是一种含硫的化合物，闻起来像是臭鸡蛋、洋葱、大蒜、臭鼬或者口臭。为了向大众普及这种特别的臭味代表"煤气泄漏了"，有人想到一个主意，即把硫醇放到卡片上，只要刮一刮这种卡片就能闻到硫醇的臭味。这就是最早的香味，哦不，臭味刮刮卡，这种卡片由田纳西州的一家商业印刷公司印制。几年之后，这家印刷公司主人的两个儿子——詹姆斯·坎贝尔和盖恩斯·坎贝尔进一步发展了这种工艺，做出了香味片。这家公司现在的名字叫做阿凯德——如今邮局、杂志架和休息室被无数香味片折磨的始作俑者。

鉴于詹姆斯·坎贝尔和盖恩斯·坎贝尔发明了一种新的让书本折磨人的方法，他们获得了 1993 年的"搞笑诺贝尔奖"化学奖。

获奖者无法，或不愿出席颁奖典礼，但他们的一位前同事——罗恩·弗斯克代表他们前来领奖。他解释了坎贝尔兄弟不能亲自来领奖的难处。弗斯克先生目前是一家专门做微胶囊包装技术的公司的负责人。他说，詹姆斯·坎贝尔和盖恩斯·坎贝尔因为签署了各种各样的严格的法律协议，只能用最粗略模糊的语言谈论香味片的历史。弗斯克先生说自己没签任何协议，因此不用受这种约束之苦。

值得顺便一提的是，弗斯克先生在颁奖典礼上不太受欢迎，因为他随身携带了一个巨大的香水喷雾器，并且坚持要喷到每个观众身上。他喷的那种香水……味道真是不咋样。

搞笑诺贝尔之

如何处理香味片？

在颁发完詹姆斯·坎贝尔和盖恩斯·坎贝尔这个奖项后没多一会儿，诺贝尔奖获得者、化学家威廉·利普斯科姆就跑上台来做了一个小小的通告：

"国际科学界对地球未来的环境状况非常担忧。不加控制地向大气层释放的香氛已经成为一种主要的生物危害。所以当你阅读完一本杂志后，不要把香味片随手扔进垃圾桶，最好的方法是把它们送去回收站。如果你所在的地方不回收香味片，那我们可以实施第二好的方法——把香味片装在信封里，寄回给杂志社。谢谢大家。"

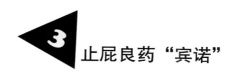

3 止屁良药"宾诺"

只要在你最爱的（但吃了容易放屁的）食物上加几滴，就可将屁扼杀在形成之前！吃了豆子、辣椒、花椰菜、鹰嘴豆、豆制品和许多其他放屁食物之后所遭遇的尴尬，现在全部终结。与其他抗排气产品不同的是，"宾诺"在腹胀和放屁发生前就扼杀了它们发生的可能性，完全消除尴尬与不快！

——摘自"宾诺"包装袋上的信息

正式宣布

兹将"搞笑诺贝尔医学奖"授予：

艾伦·克里格曼（Alan Kligeman），辅助消化理念之父，气体征服者，"宾诺"（Beano）的发明者，以表彰他为可以防止腹胀、放屁和尴尬不快的抗放屁添加液所做的先驱性研究。

"宾诺"信息中心的网址为www.beano.
net。"宾诺"现于各大商场柜台发售

艾伦·克里格曼是个悲天悯人之人。做了一些研究之后，他找到了一个能防止一些悲剧发生的方法。

几乎没人喜欢吃完豆子之后那种放屁量激增的感觉——喜欢这种感觉的估计以年轻男性居多。艾伦·克里格曼却找到了从源头解决这一问题的方法。

他曾经解决过一个与此类似的问题，这个解决方案让他成功致富。克里格曼发明了一种叫做"乳糖助"（Lactaid）的产品，此产品可让乳糖不耐受者——即那些无法消化牛奶中所含糖分的人——畅饮牛奶，而不必担心因此腹胀放屁。

"乳糖助"基本上只含有一种成分——乳糖分解酶。克里格曼把乳糖分解酶加到牛奶中，牛奶中的乳糖就会被分解。他于1973年开始出售这种产品。十五年之后，他泡在图书馆里的时候读到了一些东西，这后来引出了革新产品"宾诺"。

他发现科学文献中写道，一种 α - 半乳糖分解酶能分解很多放屁食物中的复杂糖类。α - 半乳糖分解酶可以把这些复杂糖类转化为更简单的糖类，使得身体能够更容易消化它们，从而减少放屁量。

克里格曼的"宾诺"有固体液体两个种类。只要在开始吃东西时吃下 3 片宾诺片或者加入 5 滴宾诺液，就可达到效果。精确的服用量是每份食物（1 份 =1/2 杯）配 1 片宾诺片或 5 滴宾诺液。通常一顿饭的量大约相当于 2-3 份。

鉴于艾伦·克里格曼为消除腹胀、放屁及其带来的不快和尴尬所做的贡献，他获得了 1991 年"搞笑诺贝尔奖"医学奖。

艾伦·克里格曼，"宾诺"的发明者，正在接受诺贝尔奖获得者达德利·赫斯巴赫为他颁奖。摄影：罗兰·夏利罗，图片来源：《不大可能的研究年报》

获奖者从位于新泽西州的公司总部赶来参加颁奖典礼。艾伦·克里格曼优雅地接受了颁奖，并跟观众们聊了一点"宾诺"，又聊了不止一点他的最新产品——狗版宾诺，"克泰尔"（CurTail）。他向大家讲了"克泰尔"的广告词："你曾经历这样一个尴尬的时刻，当客厅里飘起臭味，你却不知道是你的狗还是其他人吗？现在这种情况终于要终结了。你想还宠物以天真无邪还空气以新鲜清新吗？快来试试'克泰尔'吧！"

然后他向每位诺贝尔奖获得者都赠送了"宾诺"，并介绍了用法。

克里格曼具有感染力的热情在典礼现场掀起阵阵高潮。他走下舞台时数千人一起喊着"宾诺！宾诺"。

艾伦·克里格曼把"宾诺"的生产销售权（不包括"克泰尔"的生产销售权）卖给了一家更大的制药公司，但他可以继续收取专利使用费。他的成功为科学力量在生活中的作用做了一个很好的诠释。

搞笑诺贝尔之

屁从哪儿来？

以下是艾伦·克里格曼的吃了容易放很多屁的食物一览表。

蔬菜类：

甜菜；西蓝花；抱子甘蓝；卷心菜；胡萝卜；椰菜花；玉米；黄瓜；韭葱；生菜；洋葱；西芹；甜椒

谷物坚果类：

大麦；早餐麦片；格兰诺拉麦片（会加干蔬果的熟麦片）；燕麦麸；燕麦粉；开心果；米糠；黑麦；芝麻粉；高粱；向日葵籽粉；麦麸；全麦面粉

豆类：

豇豆；睡菜豆；蚕豆；鹰嘴豆；扁豆；利马豆；绿豆；花生；

豌豆；斑豆；红芸豆；大豆

其他：

百吉饼；烘豆；豆子沙拉；红辣椒；扁豆汤；意粉；花生酱；豆奶；蔬菜什豆汤；炒蔬菜；煎白菜卷；豆腐；全麦面包。

4 谁的脚这么臭

分别用乙醚从味重、味轻和无味的实验对象的袜子和脚上提取短链脂肪酸，然后用气相色谱–质谱法（译注：一种鉴别样品中不同物质的实验方法）分析样品。那些脚臭严重的实验对象的样品中短链脂肪酸含量很高……通过培养脚臭对象的汗液和脂质，我们成功地复制了脚臭味。

——摘自神田、八木、福田、中岛、太田和中田的报告

正式宣布

兹将"搞笑诺贝尔医学奖"授予：

横滨市资生堂研究中心的神田（F.Kanda）、八木（E.Yagi）、福田（M.Fukuda）、中岛（K.Nakajima）、太田（T.Ohta）和中田（O.Nakata），以表彰他们的开创性研究《导致脚臭的化合物解析》（Elucidation of Chemical Compounds Responsible for Foot Malodour），尤其精彩的是他们从研究中得出的结论——那些觉得自己脚臭的人，脚真的臭；不觉得自己脚臭的人，脚确实不臭。

他们的研究论文发表在学术期刊《英国皮肤病学杂志》(*British Journal of Dermatology*) 1990 年 6 月第 122 卷第 6 测第 771-776 页。

‧‧

当某个人的脚味道有点大的时候，探究一下其中的原因不算是种冒犯的行为吧？神田、八木、福田、中岛、太田和中田几个人走得更远——他们更彻底地对这个问题进行了挖掘。

神田、八木、福田、中岛、太田和中田都在日本横滨市的资生堂研究中心工作。他们中没有任何一个人是脚臭方面的专家。六人组希望在探索导致脚臭的化学成分的过程中，能够利用到传说中的跨学科合作的好处。

他们的探索过程分为 3 个阶段。

第一个阶段，他们召集了一群"嗅探者"——10 名男性，10 名女性，年龄均介于 20-35 岁之间。他们均没有专门进行过嗅闻脚臭或实验中涉及的其他味道的训练。

科学家们配置了 8 种不同的试剂，每种当中都含有造成或疑似导致腋下、阴道以及头皮散发出体味的化合物。嗅探者每嗅完一种试剂时，研究者们都会询问是否觉得这种味道熟悉，如果熟悉要讲出这种味道类似于哪种味道：脚臭、狐臭或其他。

嗅探者们一致认为这些试剂闻起来都或多或少有些类似于脚臭或狐臭，但在哪个像哪种、以及接近程度上未能达成一致。

第二阶段，六人组招募了 5 名他们认为脚很臭的健康男性，及另外五名他们认为脚几乎或完全不臭的男性。他们决定脚臭程度的方法是让实验对象剧烈运动 30 分钟，然后把实验对象的袜子取走放进一个实验装置中 5 个小时，制造出他们所谓的"袜子提取物"。

在第三阶段即最后一个阶段中，科学家们尝试用之前嗅探者们嗅闻过的试剂的不同组合来复制脚臭味。然后他们把人工配制的脚臭混合物和纯天然的袜子提取物做比较。完成这一比较过程的是日立 M-80 质谱仪和惠普 5710A 气相色谱仪。

结果如何呢？他们鉴别出几种似乎是脚臭成分的化学物质，其主要成分是短链脂肪酸。他们还鉴别出其中一种特殊的化学物质——甲基丁酸——似乎是起主要作用的成分。这些就是目前为止他们得到的所有结果了。更为完整详尽的引起脚臭的化学原理还有待研究，但这个六人组向着正确的方向跨出了历史性的一步。

也许更重要的是，他们从提供袜子提取物的 10 名男性身上确定了一件事：凭直觉判断，觉得自己有脚臭的人，脚确实臭，而觉得自己没有脚臭的人脚确实不臭。

这个研究并没有被埋没。它的一部分被写入一篇题为《解析体味来源以开发一种新的去体味剂》（Elucidating Body Malodour to Develop a Novel Body Odour Quencher）的论文，此文还在 1988 年获得了一个由国际化妆品化学家协会联盟（International Federation of Societies of Cosmetic Chemists）颁发的奖项。

几年之后，因为他们在探索脚臭原因时做出的重要的（或许还很初步的）发现，神田、八木、福田、中岛、太田和中田获得了1992 年"搞笑诺贝尔奖"医学奖。

获奖者无法出席，或不愿意出席颁奖典礼。

chapter 11

美食大冒险

　　食物对于任何烹煮它食用它的人来说都极具魅力。这一章将要讲述4个跟食物有关又风味各异的故事。

不辣的辣椒

加拉潘（jalapeno），名词，也写作加拉潘椒（jalapeno pepper），是一种非常辣的绿色辣椒，在墨西哥菜中尤为常见……1964年约翰逊夫人的《白宫日记》（*White House Dairy*）（1970年出版）第123页；肉末是林登最喜欢的食物之一，尤其是当里面加了加拉潘椒……1992年3月的《名利场》（*Vanity Fair*）（纽约）248/1:这些预言让你听了以后冒汗冒得比吃了一打加拉潘椒还厉害。

——摘自《牛津英语词典》，第二版，1993年修订

正式宣布

> 兹将"搞笑诺贝尔生物学奖"授予：
>
> 新墨西哥州立大学辣椒研究所所长保罗·博斯兰（Paul Bosland）博士，以表彰他培育出了一种不辣的加拉潘椒。

关于这种辣椒的技术性叙述以《"NuMex Primavera"加拉潘椒》（NuMex 为新墨西哥州立大学的缩写，Primavera 为西班牙语"春天"，在墨西哥菜的餐牌上常指蔬菜。——译者注）为题［作者保罗·W.博斯兰和艾力克·J.沃塔瓦（Eric J.Votava）］，发表在学术期刊《园艺科学》（*HortScience*）1988 年第 33 卷第 6 册第 1085-1086 页。

加拉潘椒以火辣的口味享誉世界。而现在一位世界级的辣椒专家又因为培育出了一种完全不辣的加拉潘椒而备受赞誉——当然骂他的人也不少。

保罗·博斯兰教授管理着一个辣椒研究所，这个国际性的研究中心就在位于美墨边境北边的新墨西哥州立大学里。以下是他的辣椒辣度 10 秒指南官方版本：

> 辣椒之所以是辣的，原因在于它们含有一种成分，或者说是一系列成分，叫做辣椒素。辣椒素主要分布在果实中，胎座附近。与很多人所想象的不同，辣椒壁是不辣的，种子也不辣，辣椒素只分布在一片小小的区域中——那些橙色的部分。所以你看到的橙色越深，就代表辣椒越辣。

在各种各样的辣椒中，加拉潘椒算是出了名的最辣的辣椒种类之一。经过了多年的艰苦努力，博斯兰教授才培育出了一种完全不辣的加拉潘椒品种。

这种似乎浑身上下充满着矛盾的味道温和的辣椒其实也有一点点辣味——但不太辣。对于加拉潘椒来说，这么点辣味就少到可以忽略了。这个新品种的辣椒叫做 NuMex Primavera。有些人琢磨着，这玩意吃起来估计什么味道也没有吧？但事实并非如此。实际上 NuMex Primavera 味道丰富，这也正是培育它的另一层意义所在。

餐馆大厨们在烹煮以辣椒为主料的菜肴时总会遇到这样一个问题：任何两个辣椒的辣味可能相差很远。如果有三个同一桌的客人都点了酿辣椒，最后可能是第一个吃到的菜比较辣，第二个吃到的很辣，第三个则几乎被辣晕过去。

下面，为了让大家有个大致的概念，先给出一份酿辣椒的食谱。

原料：

6 个大辣椒：先将辣椒烘烤一下，剥去外面一层皮，纵向切开，去籽，然后填入杰克奶酪、门斯特奶酪或瓦哈卡奶酪。

3 个鸡蛋的蛋清

2/3 杯牛奶

1/3 杯白面粉

1/3 杯全麦面粉

1/2 勺盐

植物油

做法：

将 3 个鸡蛋的蛋清放入搅拌器拌匀，之后将蛋清倒入一个中等大小的碗，继续搅拌。将搅拌好的液体慢慢加入面粉中混匀。用面糊将填塞了奶酪的辣椒裹好，放入热油中煎至金黄。装盘后配混酱（译注：一种以红辣椒为基底加巧克力、杏仁等制成的墨西哥酱料）、红辣椒酱或青辣椒酱食用。

好的主厨都希望能够控制菜肴的味道和辣度，所以博斯兰教授希望可以提供一种具备十足的加拉潘椒风味却只保留一点点辣味的辣椒。他做到了。"Numex Primavera 种类的加拉潘椒，"他骄傲地解释道，"稀释了辣味，却一点无损辣椒本身的其他风味"。

博斯兰教授培育这种有点奇怪的不太辣的辣椒的另一个原因是，他愿意。他目前又在辛勤培育着另一种一点也不辣的辣椒。

讽刺的是，博斯兰教授明明"浇熄了永恒的（辣椒的）地狱之火"，有些人却认为他这样做是"把灵魂出卖给了魔鬼"。

保罗·博斯兰因为驯服了辣得出名的加拉潘椒，获得了 1999 年"搞笑诺贝尔奖"生物学奖。

博斯兰教授从新墨西哥州的拉斯克鲁塞斯赶赴哈佛大学参加颁奖典礼。接受颁奖时他说：

> 别人觉得我疯了，其实我是有秘密计划的。我要把你们所有人都变成吃辣小能手。我的计划就是先把辣椒变得不太辣，这样你们就会开始吃辣椒。然后我把它们变得辣一点，你们就能吃更多的辣。就这样没等你们反应过来，就已经变成了吃辣行家，可以吃真正的特辣辣椒了。最后我想说，你们只要记住一件事：辣椒就像摇滚乐，不管你喜不喜欢，它一直都在。谢谢大家。

然后他分发了一些新品种和老品种的辣椒样品。凡是鼓起勇气尝过的人都说，辣度的差异那可是相当的大。

搞笑诺贝尔之

对琐碎小细节的一点声明

关于如何拼写这种辣椒的名字，时不时会有些激烈又或者不怎么激烈的争论。美式拼法中（通常）会写作"Jalapeno Chile Pepper"，而英式拼法则（通常）把中间的单词写作"chilli"。有一道很美味的用豆子、牛肉、辣椒和其他任何厨师想扔进去的食材一锅烩成的炖菜，名字与"chile"和"chilli"同音，但（至少在美国）菜名会被写作"chili"。

午餐肉的故事

午餐肉罐头排成一列向加热炉靠近时，一只机械手臂挥出将24个罐头推上一个架子，接着架子开始上升，就像嘉年华里的摩天轮。在之后的2个小时中，6.6万个午餐肉罐头将在加热炉的11个加热格上上上下下，被高温消毒、清洗然后冷却。看到这里你也许已经猜到了一个让不熟悉罐头制作的人都很惊讶的事实：午餐肉是在罐头里被弄熟的。

——摘自《午餐肉传》（*Spam：a Biography*）一书

正式宣布

兹将"搞笑诺贝尔营养学奖"授予：

午餐肉的食用者们——勇敢的罐头食品消费者，以表彰你们54年不加歧视地吃掉了它们。

· ·

午餐肉，粉嫩、糊状的罐装肉食，有上百万人曾经吃过，其中有些人很喜欢它的味道。午餐肉有一些不为人知的神秘之处，午餐肉的食用历史也有一些高深莫测的故事呢。

没有什么方法可以确切地知道有多少人吃过午餐肉。午餐肉们的故乡——荷美尔食品公司（Hormel Foods）于 1937 年生产出了第一个罐头，根据公司记录他们于 1994 年生产出了第 50 亿个罐头。

《午餐肉传》一书作者为卡罗琳·怀曼（Carolyn Wyman），1999年由哈考特布莱斯公司出版，书中提供了详尽的关于午餐肉和午餐肉食用者的信息

素食主义者是不吃午餐肉的，至少不会在知情的情况下吃，或者最少最少，吃了也不会承认。不吃猪肉的人也不吃午餐肉。除了这些特殊群体，午餐肉几乎能被任何地方的任何人所接受。午餐肉成分简单，内含猪肉、火腿、盐、水、糖和硝酸钠。硝酸钠给了午餐肉粉粉的颜色，并保护午餐肉不受细菌侵害，因此这种合成肉类保质期很长，这一点很为喜欢午餐肉的人们所称道。

午餐肉的购买者是个很大的群体，包罗着形形色色的人，但他们第一次吃午餐肉的原因几乎毫无例外的出自下列三种原因之一。

有些人是为了省钱。午餐肉一直以来都是一种较为便宜的肉食。

有些人则是不得不吃。在第二次世界大战中，美军购买了超过 6.8 亿公斤的午餐肉。其中大部分都供给了美军士兵——他们几乎没别的食物可挑；还有不少被卖给或送给了其他国家的人民，而彼时这些人都处于饥荒之中。实际上，那 6.8 亿公斤军用午餐肉中大部分都算不上真正的午餐肉，而是一些便宜的午餐肉代用品，但吃了这

"二战"中许多美军士兵以午餐肉为食。图片来源：美国陆军

些东西的人还是愿意相信——至少在回忆过去时愿意相信——自己当时吃的确实是午餐肉。战争结束后许多人就继续吃着午餐肉。

还有一部分人吃午餐肉是因为他们的父母吃午餐肉。自幼的耳濡目染，使他们习惯性地爱上了这种食物。

整体来说，午餐肉的食用者们会在任何地方、任何天气下、用任何能想到的食物搭配来消灭午餐肉。几乎没有什么食材是没被和午餐肉搭配在一起吃掉的。

大部分午餐肉食用者都很了解这种食物的优点和缺点。不管你怎么烹调午餐肉，不管你加了什么进去或是把什么配菜放在上面，吃起来永远是午餐肉自己的味道。

午餐肉的食用者们曾用绘画、歌曲、诗歌和其他所有艺术形式歌颂过它，而对它最大的歌颂其实是食用者们不断吃掉它的那股热忱，吃掉它吃掉它一直吃下去。

为表彰午餐肉食用者们如此努力如此长久地把午餐肉传承了下来，大家一起获得了 1992 年"搞笑诺贝尔奖"营养学奖。

并不是所有获奖者都出席了颁奖典礼，不过也来了不少。约翰·S. 马尔博士（John S.Meagher），自 1942 年开始就一直食用午餐肉的美国海军"二战"老兵，代表所有午餐肉食用者接受了颁奖。马尔博士的获奖感言风格独特，因为他一边说话一边不停地吃午餐肉三明治。这直接导致大家几乎听不清楚他说的话。不过他最后的结语非常清晰响亮："当你在谈论家庭价值观时，你说的其实是午餐肉"。

3 尿样容器大比拼

由于这样那样的原因，我总是对没什么用处的东西特别感兴趣。

——阿维德·维特尔

正式宣布

兹将"搞笑诺贝尔医学奖"授予：

挪威斯图特市的阿维德·维特尔（Arvid Vatle）医生，以表彰他仔细收集、分类和思考他的病人在提交尿样时使用的容器种类。

他的研究论文以《没什么用的尿液样本》（Unyttig om Urinprøver）为题发表在学术期刊《挪威医学协会杂志》（*Tidsskift for Den Norske Laegeforening*）1999 年 3 月 20 日第 8 册第 1178 页。

挪威西部的一个小岛上，一位家庭医生决定开始记录一些他以前一直忽略的信息。每当有病人来提交尿样时，医生都会记下对方使用的容器种类。后来，这些记录变成了一篇原创学术论文发表在了医学期刊上。

阿维德·维特尔医生住在挪威的斯图特岛（北纬 59.86°，东经 5.41°）并在这里行医为生，岛上空气清新，人们的身体状况整体来说都挺不错，天气也很有助思考。维特尔医生秉承老牌浪漫作风，既热爱医学又醉心文学。当他发现从没有人收集信息研究过挪威病人对尿样容器的偏好之后，自然而然地就开始考虑这个有趣的研究，等收集到足够的数据之后，一定要写个正式的研究报告拿到一个不错的医学期刊上发表。

之后的一年中，只要有病人来交尿样，维特尔医生就会记录下对方所用的容器。经过 12 个月积极的数据收集，他写了一篇学术报告并提交给了《挪威医学协会杂志》。报告是用挪威语写的，颇有技巧，文辞华丽。

大多数容器在调查过程中只出现了一次。最受欢迎的是一个特定牌子的番茄酱罐子，一共出现了 17 次。容器种类之繁多不管你懂不懂挪威语看了都会吓一跳。

Apocillin 660 milligrams
Asbach Uralt miniflaske
Bergensk Brystbalsam
Coca-Cola Light 0.5 litre
Eggbit gaffelbiter
Fruitopia
Hapa Nestlé
Hindu Kanel
Mills Peanut Butter,
　　Grov type
Nitroglycerin 0.5
　　milligrams

Normorix mite
Olden naturlig mineralvann
　m kullsyre 0.5 litre
Skin Renew Crem 24 hours,
　　60 millilitres
Tab, Full Cola Taste,
　　No Sugar
Taco saus, Cara Fiesta
Toilax 5 milligrams
Tysk dressing

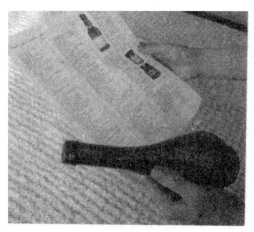

报告中的细节——尤其是那张统计每种瓶子出现频率的表格——可能对医学生或正计划打入挪威瓶子市场的人有帮助。摄影：德鲁。图片来源：《不大可能的研究年报》

　　以上所列只是其中的一部分——容器种类加起来一共超过100种。

　　因为对治疗者艺术中一直被人忽视的一个方面加以研究，阿维德·维特尔医生获得了1999年"搞笑诺贝尔"医学奖。

　　阿维德·维特尔携妻子一同从挪威的斯图特赶来参加了颁奖典礼，挪威医学协会资助了他们一部分差旅费。在接受颁奖时维特尔医生说：

> 　　女士们先生们，尽管此刻我眼含激动的泪水，我还是不得不承认我的这个研究并不是一个能推动科学发展的严肃研究。无论是对我的事业而言，还是对其他领域：泌尿学、精神病学、民俗学、市场学或医学史，都没什么用。

但作为一个医疗事业的实践者，我发现有些时候即使哭不出来，嚎两嗓子也是有必要的。不过我要说明的是我下面的研究是非常有用的，我将调查地理状况的不同与我们国家、甚至是全世界病人使用的不同种类的尿样容器有何关系。

搞笑诺贝尔之

在哈佛大学医学院讲尿样容器的故事

接受颁奖后的第二天，维特尔医生在哈佛医学院做了一次关于他研究课题的报告。以下是这次报告的浓缩版。

我记得，以前病人来交粪便样品时拿什么装的都有，从小火柴盒到其他一些大得多的罐子。

那普通病人在被医生要求提交尿样时都会怎么做呢？他们会疯狂地到处找容器，从厨房的橱柜，到卫生间，到客厅。我在研究中记录下的瓶子，之前都是用来装食物、调料、药物、香水或烈酒的。不管你找到的是什么瓶子，有多大，上面贴着什么标签，你都会拿来用。你会清洗一下这个瓶子，讲究点的还会煮一煮，然后晾干它。

然后又有了一个新问题：如果你找到的是个窄口瓶，比如香水瓶或酒瓶，怎么把自己的尿样装进去呢？这个嘛，我就真不知道了，但我真的很佩服一些病人在装样时的准确性。

相比之下，医院或者研究所里配备的那种现成的、消过毒的塑料容器是多么乏味啊！你不用发挥想象力；这种半透明的包装好的容器就是专门装尿样的。

我的这个研究进行了 12 个月，从 1997 年 5 月到 1998 年 5 月。最后我的容器单上有 110 种各式各样的容器，分别来自 164 个尿样。那些尿样专用容器没有包含在此次的研究中。

　　那么从尿样容器的种类上，医生可以获得什么关于病人的信息呢？

　　一位受人尊敬的在社区中享受很高声望的老先生第一次来交尿样时，用的是一个写着"贝尔的老苏格兰威士忌"的瓶子。他的第二个尿样装在一个"克斯肯可瓦芬兰伏特加"的瓶子里。

　　这位受人尊敬的老先生特别喜欢酒瓶子？还是他在隐晦地邀请我什么时候一起去喝一杯？还是他持有什么酒业公司的股份？还是他想用这种方式表达自己对医学界和挪威卫生部发布的反酗酒警告的抗议？我不知道答案是哪一个。也可能只是他家里刚好能找到这种瓶子。

　　如果一份尿样是装在抗抑郁药的瓶子里提交的，是不是说明这个病人需要帮助和安慰？

　　最惊人的容器要数 Mum 牌滚珠式除臭剂的瓶子了。上面的滚珠被抠掉了，除臭的东西也被换成了臭臭的东西。

　　有些样品是装在精美的塑料或硬纸板容器中的，外面通常用当地超市的塑料袋包得非常好。

　　到目前为止在我的研究中最常出现的容器是斯塔夫兰(Stavland) 牌番茄酱的罐子。斯塔夫兰是我们旁边的伯姆卢岛上的一家生产商。

　　于是我就想，为什么斯塔夫兰番茄酱的罐子这么受欢迎？经过沉思，我认为原因很可能是斯塔夫兰番茄酱是我们这一地区的家庭常用产品。斯塔夫兰出品的纯石楠花蜜也被广泛食用，而这种花蜜的罐子是第三常见的尿样容器。另外，这些罐子开口大，密封也好。

便秘的大兵

结论：被派上战场的美国士兵的便秘比例，按排便频率过低诊断可达30.2%，按出现便秘症状诊断可达34.1%。这一比例大大超过了这些士兵在家时的便秘比例……对于战场上的便秘预防我们应该给予更多关注。

——摘自斯威尼、克拉夫特－雅各布斯、布里顿和汉森的报告

▌正式宣布▌

> 兹将"搞笑诺贝尔生物学奖"授予：
>
> W. 布莱恩·斯威尼 (W.Brian Sweeney)，布莱恩·克拉夫特-雅各布斯 (Brian Krafte-Jacobs)，杰弗里·W. 布里顿 (Jeffrey W.Britton) 和韦恩·汉森 (Wayne Hansen)，以表彰他们所做的突破性研究《便秘的士兵：美国派遣部队中的便秘发生率》(The Constipated Serviceman:Prevalence Among Deployed US Troops)，尤其是其中对排便频率的数字分析。

他们的研究论文发表在学术期刊《军事医学》(*Military Medicine*) 1993 年 8 月第 158 卷第 346-348 页。

从前关于作战部队的便秘性质与程度一直没有过很精确的调查，直到 1993 年，W. 布莱恩·斯威尼，布莱恩·克拉夫特 – 雅各布斯，杰弗里·W. 布里顿和韦恩·汉森完成了关于这个难题的研究。

军医们发现士兵经常出现便秘或腹泻的现象。

对于士兵被派遣期间的腹泻情况有不少研究和报告。例如，拉德兰（Rudland）、利特尔（Little）、肯普（Kemp）、米勒（Miller）和霍奇（Hodge）的研究报告《来自内部的敌人：英国和澳大利亚驻伊拉克部队的腹泻率》（The Enemy Within:Diarrheal Rates Among British and Australian Troops in Irap）（发表在《军事医学》（Military Medicine）1996 年 12 月第 161 卷第 12 测第 728-731 页），这份报告指出："此研究的目的是记录英国和澳大利亚驻伊拉克部队的不同腹泻发生率。英国士兵……的腹泻发生率更高（英国部队腹泻发生率 69%，澳大利亚部队腹泻发生率 36% ）。"

不过，战士们的便秘发生率不论是研究的深入程度还是被了解的程度都不及腹泻发生率。这个让人烦恼的问题不仅困扰着士兵们，也困扰着照料他们的医生。

士兵们在战场上和赶赴战场的途中，便秘的发生率会有不同吗？ W. 布莱恩·斯威尼，布莱恩·克拉夫特 - 雅各布斯，杰弗里·W. 布里顿和韦恩·汉森开始着手研究这个问题。

研究者们设计了一个肠道功能问卷，并将问卷派发给 1991 年参加伊拉克"沙漠盾牌行动"的海军士兵和海员们。

长达 3 页的问卷询问了一系列与肠道功能有关的问题，涉及到 3 个不同的环境——家里，船上和战场上。参与者们被询问每天吃几顿饭，上大号的频率，以及大便的软硬度（选项为液体状、柔软、较硬和非常硬）。他们还被询问排便时是否感到困难、疼痛或其他问题，这些问题答案的备选项是从未出现过、有时出现还是总是出现。

问卷是在海军士兵和海员们排队领取晚饭时派发的。有 500 人同意回答问卷，前提是匿名回答。有 3 个人无论如何都不愿意参与调查。

研究人员们将结果整理之后，得到了下面的数据：

在家里、船上和战场上的排便频率

两次排便间的间隔	在家里	在船上	在战场上
<1天	4.5%	2.0%	1.0%
1—2天	70.6%	55.5%	22.6%
2—3天	21.0%	36.4%	46.2%
4—5天	3.1%	5.2%	23.6%
6—10天	0.8%	0.8%	6.1%
10天以上	0%	0%	0.5%（2人）

注：在正式发表的报告中，这些数据中的一部分是用"平均每天排便次数"来表示的

研究者在分析数据时，发现了不少值得挖掘的东西。以下是一些重要发现：

> 若将便秘定义为 3 天以上没有排便，则在家时海军士兵／海员的便秘发生率只有 3.9%，上船之后便秘发生率为 6%，到战场后这一数字上升到 30.2%。
>
> 若将便秘定义为出现直肠肛门的不适（粪便过硬，排便困难，排便疼痛……等），在家时的便秘发生率则为 7.2%，船上为 10.4%，战场上则为 34.1%。

这个结果很惊人。当士兵／海员们还在船上时，他们的排便频率与在家时基本相同。可一旦离开船来到战场上，情况就急转直下了。

研究者们意识到了问题的严重性。他们建议应当努力为大家缓解这种痛苦。他们直言应当继续深入这方面的调查研究：

> 与在家时相比，在战场上时会有多得多的士兵遭受便秘困扰。鉴于被派遣出兵的海军士兵／海员中约三分之一都会遇到便秘问题，我们应当研究预防便秘的策略。

W. 布莱恩·斯威尼，布莱恩·克拉夫特 - 雅各布斯，杰弗里·W. 布里顿和韦恩·汉森致力于缓解在前线拼杀的战士们的痛苦，因此获得了 1994 年的"搞笑诺贝尔生物学奖"。

布莱恩·斯威尼博士出席了颁奖典礼。此时斯威尼博士已经从海军退役，就职于马萨诸塞州伍斯特的马萨诸塞大学医疗中心，因此他不用跑个大老远来参加典礼，也比别人省下不少差旅费。在代表自己和同事接受颁奖时，他说：

> 我想感谢所有优秀的愿意为国家而便秘的美国士兵……一开始我觉得便秘可能与饮食有关——食物中纤维素含量低，或者总是吃即食食品（英文叫做 MRE，即 Meals，Ready to Eat 的缩写，独立包装打开即食的轻便食物），或者喝水太少。后来一个战场上的海军士兵对我说："医生，我跟你说，只要一到战场上，我们就吓得拉不出屎。"

搞笑诺贝尔之

即食食品（MRE）到底是什么？

斯威尼等人研究报告中的美国士兵们平时主要通过食用即食食品来获取营养。即食食品（MRE）是"Meals, Ready to Eat"（开袋即食）的首字母缩写。这里有一些关于即食食品的官方数据，数据来源为美国国防部后勤局。

即使食品到底是什么？
即食食品是为参加无常规食物供应的重体力活动（如军事演习或真正的军事行动）的人设计的。即食食品（MRE）是一种饭菜齐备的装在弹性餐袋中的军粮。

即食食品中有什么东西？
即食食品共有 24 种（下文将会介绍其中一种：10 号餐）。内含食材不光是完整的一餐，还能提供所有必需的营养。

即食食品能保存多久？
即食食品的保质期为室温（26℃）下 3 年。

如何购买即食食品？
即食食品（一箱 12 袋）的国家库藏码为 8970-00-149-1094 。

10 号餐包

辣椒通心粉　磅蛋糕　花生酱　快餐麦包　可可粉　饮料粉
辣椒酱　配料袋 E　汤匙

无明火加热器（注：1992 年以前的即食食品中不含加热器）

配料袋内含物（E）：

茶叶，糖，奶精，盐，口香糖，火柴，厕纸，洗手剂

chapter 12

奇妙的大脑

　　大脑很好用又对大脑很好奇的家伙们指出大脑是最奇妙的。下面让我们看看 3 个神奇的跟大脑有关的获奖故事。

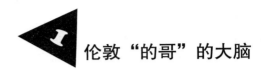

伦敦"的哥"的大脑

通过结构核磁共振成像（Structural MRI）分析具有丰富导航经验的人群——持有效牌照的出租车司机——的大脑，并与对照组——非出租车司机——的结果相比较。

——摘自埃莉诺·马奎尔和同事发表的论文

▌正式宣布▌

> 兹将"搞笑诺贝尔医学奖"授予：
>
> 伦敦大学学院的埃莉诺·马奎尔（Eleanor Maguire），大卫·加迪安（David Gadian），英格里德·约翰斯鲁德（Ingrid Johnsrude），卡特里奥娜·古德（Catriona Good），约翰·艾希伯纳（John Ashburner），理查德·弗莱克维亚（Richard Frackowiak）和克里斯托弗·弗里斯（Christopher Frith），以表彰他们证明了伦敦出租车司机的大脑比其他市民的更发达。

他们的研究报告以《导航为出租车司机的海马体带来结构变化》（Navigation-related

Structural Change in the Hippocampi of Taxi Drivers）为题发表在学术期刊《美国科学院院刊》（*Proceedings of the National Academy of Sciences*）2000 年 4 月 11 日第 97 卷第 8 册第 4398-4403 页。还可以参考他们随后发表的一些相关领域的论文。

．．

初来伦敦的游客有时会被这里的"的哥"们震住。一个人竟然能从那一大堆乱七八糟的街道里准确找到自己的路径——尤其是当这些乱七八糟的街道连名字都不统一的时候，真是不得不让人感叹"太厉害了"！

出租车司机们滔滔不绝长篇大论时涉及的话题之广内容之丰富也让人惊叹。很多人都相信伦敦的"的哥"们拥有比一般人更丰富饱满的性格。随着 21 世纪的来临，伦敦大学学院的科学家和医生们决定用科学为这些说法寻找依据，而他们发现在"的哥"们的脑袋里更丰富饱满的可不止性格而已。

为什么有些人情愿研究出租车司机的大脑，而不去研究些别的——比如火箭设计者、集邮爱好者或是热衷赌马的人的大脑？马奎尔、加迪安、约翰斯鲁德、古德、艾希伯纳和弗里斯的报告中这样解释道：

> 伦敦的出租车司机一定要接受大量的训练，学习如何在这座城市的几千个地点中找到方向。这种训练通俗点说就是为"出租车司机牌照考试"（the Knowledge）做准备，平均需要两年左右的时间。想要取得执业执照，司机们必须通过一系列非常严格的考试。因此伦敦的出租车司机是非常理想的研究空间定位导航的对象。通过对一组具有丰富导航经验的出租车司机的研究，使我们能够观察检测空间定位经验对大脑结构的直接影响。

因此我们有充分的理由相信，"的哥"们的脑袋里确实藏着一些不同寻常的东西。但如何找到这些不同寻常的东西却并非易事。马奎尔和她的研究团队有条不紊地展开了研究。

他们根据资料认为，大脑中叫做"海马体"的部分在人们设计从一个地方到另一个地方的路线时发挥着最为重要的作用。他们有一部现代化的仪器，叫做核磁共振成像（MRI）扫描仪。只要应用得当，这部扫描仪可以把一个大活人大脑中的许多细节都展现给我们。

这些研究者们找到了 16 个出租车司机——这些司机全都通过了严格考核拿到了执照——用核磁共振成像扫描仪扫描他们的大脑。然后他们不辞辛劳地将出租车司机的大脑扫描图与 16 个普通人的大脑扫描图做了非常细致的对比。

他们发现了什么呢？他们发现这些大脑看起来差不多——除了海马体。

就算不是科学家也很好奇，想一睹他们报告中关于海马体的部分吧：

> （我们发现了）持执照的伦敦出租车司机和对照组实验对象的大脑之间有局部差异。出租车司机的海马体后部明显更加发达。
>
> （我们的结果）显示持执照的伦敦出租车司机的专业导航技能与海马体中灰质的再分配有关。
>
> 右海马体的大小与当出租车司机的时间长短相关。

研究者们说，这一结果与之前在啮齿动物和猴子身上进行的实验的结果一致。然后他们总结道：

随着伦敦出租车司机通过考核拿到执照，伦敦市的大致空间图像会在他们脑中形成。他们脑中的城市空间图像信息（比普通人脑中的）要多得多。司机们随着从业时间增加和经验的不断积累，会对伦敦的空间图像进行进一步的细致调整，让他们能更好地把道路和地点联系在一起。我们的结果显示这副"脑中的地图"是储存在海马体后部中的，并且需要储存的信息越多这个部位的体积也会越大。

科学家们发现，每个出租车司机海马体后部的大脑"灰质"都会比普通人多一点，而海马体前部的大脑"灰质"则比普通人少一点。

这个研究一经发表，马上成了热门新闻。媒体们把这个研究概括后写成以下标题：

当"的哥"可以开阔思路——《每日电讯报》

出租车学——《经济学人》

"的哥"为记路大脑变更大——《每日邮报》

为什么"的哥"越来越大块头？那是他的大脑变大了！——《体育日报》

伦敦的"的哥"们——我指的是愿意屈尊评论此事的那些"的哥"们，表达了许多不同的想法：

这份工作真是很费脑子……尽管这样我怎么没觉着大脑变大了呢。

你说我大脑变大了，我老婆才不信呢。

我们脑袋不大，嘴倒挺大的，话多。

埃莉诺·马奎尔,伦敦出租车司机大脑研究中的首席科学家,正准备接受诺贝尔奖得主达德利·赫斯巴赫(身穿白大褂的那位)的颁奖。搞笑诺贝尔奖副主管朱丽叶·鲁尼塔(Juilet Lunetta)手持一个小电动风扇帮马奎尔博士吹风。摄影:玛格丽特·哈特。图片来源:《不大可能的研究年报》

因为对伦敦出租车司机们迷宫一样的大脑进行的探索,埃莉诺·马奎尔,大卫·加迪安,英格里德·约翰斯鲁德,卡特里奥娜·古德,约翰·艾希伯纳,理查德·弗莱克维亚和克里斯托弗·弗里斯获得了 2003 年"搞笑诺贝尔奖"医学奖。

大卫·加迪安向曼彻斯特的市民们展示一些伦敦出租车司机的大脑核磁共振成像图。此照片由"搞笑诺贝尔生物学奖"得主C.W.莫莱克（就是做"绿头鸭的同性恋尸癖"研究而出名的那位老兄）在2004年搞笑诺贝尔英国和爱尔兰之旅中拍摄

埃莉诺·马奎尔出席了颁奖典礼。接受颁奖时，她告诉观众们：

人们总是这样对我说："别扯上什么科学不科学的。你的研究只不过说明你能经常免费搭出租车而已。"不幸的是，我出来没搭过免费出租车——直到今天，在（马萨诸塞州）坎布里奇，我上了一辆出租车，然后跟出租车司机聊天，然后第一次获得了5折优惠的待遇，因为司机觉得我证明了出租车司机是很特别的一群人。所以我非常感谢剑桥给了我这次的5折经历，感谢你们给我这个棒极了的奖。谢谢大家。

后来在"搞笑诺贝尔奖"英国和爱尔兰之旅中，面对着急切的观众们，研究组成员指出还有更大更有趣的问题随着研究深入逐渐浮出水面。比如：了解伦敦真的会改变人的海马体吗？或者有没有可能那些成了伦敦出租车司机的人本来就有异于常人的海马体？

在写下这篇文章的时候，依旧有很多问题藏在伦敦出租车司机们大脑的沟沟回回中，等着我们去研究。

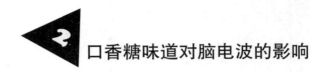

2. 口香糖味道对脑电波的影响

（我们）研究了吃无味或两种不同口味的口香糖前后自主脑电活动的复杂性……脑电活动可以通过全脑欧米伽（Ω）复杂度和全脑空间复杂度（GDC）衡量……全脑欧米伽复杂度对嚼/没嚼口香糖对中枢神经微妙的影响而言是一个更敏感的指数。

——摘自柳生、瓦克曼、木下、广田、高知、

康达克、科尼格和雷曼的研究报告

▌正式宣布▌

> 兹将"搞笑诺贝尔生物学奖"授予：
>
> 来自瑞士苏伊士大学医院、日本大阪的关西医科大学和捷克共和国的布拉格神经学技术研究中心的 T. 柳生（T.Yagyu）和他的同事们，以表彰他们检测了人在咀嚼不同口味的口香糖时脑电波的变化。

他们的研究以《口香糖口味对多通道脑电图的全脑复杂性参数的影响》（Chewing-Gun Flavor Affects Measures of Global Complexity of Mulitichannel EEG）（作者 T. 柳生等）发表在学术期刊《神经精神生物学》（*Neuropsychobiology*）1997 年第 35 卷第 46-50 页。

一个由多国脑科学家组成的研究小组记录并分析了人们咀嚼三种不同口味口香糖时的脑电波。

柳生高见（Takami Yagyu）博士和他的合作者们，瓦克曼（Wackermann）博士、木下（Kinoshita）博士、广田（Hirota）博士、高知（Kochi）博士、康达克（Kondakor）博士、科尼格（Koening）博士和雷曼（Lehmann）博士发表了一份详细的技术复杂的报告，解释他们做了什么工作以及为什么这样做。

研究者们召集了 20 个人来嚼口香糖。每个志愿者都要咀嚼 3 块口香糖。第一块不含糖分，也没有任何其他味道。第二块是 Relax 牌口香糖，在日本非常流行。第三种是绿茶口味浓重的 Relax 口香糖，在日本也很受欢迎。

实验员们要一直查看志愿者的情况，保证他们用同一种方法咀嚼口香糖，且他们嚼口香糖时一直处在同一种良好的环境中。每个志愿者头上都固定着 11 个电极，并且他们都要严格遵循一个包含 5 个步骤的实验指南。

首先，志愿者要张开眼睛 20 秒，然后闭上。

接下来的 60 秒内，志愿者不可以嚼口香糖。这段时间里，实验员们会用脑电图记录下他们的脑电活动。

接着，志愿者要不停地嚼口香糖 300 秒，同时实验员会记录下他的脑电活动。

然后志愿者停止嚼口香糖 60 秒。实验员继续记录此时的脑电活动。

然后，志愿者可以吐掉口香糖，休息 10 分钟。

之后志愿者要重复这个过程两次，每次各咀嚼一种不同口味的口香糖。

这样做的意义是什么呢？为什么柳生博士和他的同事要做这个实验呢？他们的动机有两点。第一，他们说由于技术的进步，使得数据的测量可以用更新、更复杂的方法进行。或者用他们的话说，"过去十年中理论物理学的发展，尤其是非线性动力系统理论（混沌理论）的发展，为生物电信号复杂性的分析提供了新的方法"。

第二，他们观察到——用他们的话说——"嚼口香糖是一种在人群中十分流行的打发时间的方法。"

简单地说就是：他们做这个研究是为了证明他们可以做到。

他们发现了什么呢？当然是发现了一些最明显的事实。正如他们所说："（这个研究）证明全脑欧米伽复杂性是一个可以侦测到大脑电信号细微变化的参数。"用偏技术性一点的话翻译一下，这句话的意思是：是的，他们能测量到那些嚼着不同口味口香糖的人的脑电波。

为表彰他们对嚼口香糖和大脑电波的科学兴趣，柳生高见博士和他的同事们被授予了 1997 年"搞笑诺贝尔奖"生物学奖。

获奖者无法，或不愿意出席颁奖典礼。

之后的一年中，这个小组又将他们的研究更进了一步，不仅仅检测口香糖口味的影响，还检测了口香糖香味的影响。这是一个说明科学进步模式的很好的例子：一步一个脚印，慢慢来。

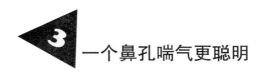

3 一个鼻孔喘气更聪明

这篇论文检测了23个右利手男性中一个鼻孔呼吸与语言/空间能力比值的关系。一个半球大脑的认知能力会因只有对侧鼻孔一个鼻孔喘气儿得到提高。认知表现受到呼吸模式的影响。

——摘自比贝尔、夏纳霍夫－卡尔萨和博伊尔的论文

▌正式宣布▐

兹将"搞笑诺贝尔医学奖"授予：

玛西亚·E·比贝尔（Marcia E.Buebel），大卫·S·夏纳霍夫 - 卡尔萨（David S.Shannahoff-Khalsa）和迈克尔·R·博伊尔（Michael R.Boyle），以表彰他们让人读来精神一震的研究《强迫性单侧鼻孔呼吸对认知的影响》（The Effects of Unilateral Forced Nostril Breathing on Cognition）。

他们的研究发表在学术期刊《国际神经科学期刊》（*International Journal of Neuroscience*）1991 年第 57 卷第 239-249 页。

当人们只用一个鼻孔呼吸——而不是两边鼻孔同时呼吸——时，他们可以操控大脑的状态。这是玛西亚·比贝尔，大卫·夏纳霍夫-卡尔萨和迈克尔·博伊尔当初着手证明的理论。

来自美国天主教大学的比贝尔，与来自萨尔克生物研究所的夏纳霍夫-卡尔萨和博伊尔将他们不同寻常的理论架筑在一个更复杂精巧的理论之上。

以下——用外行的话来说——是这个实验背后的构思，共分三层。

第一，医生们都知道，大体来说大脑的左右半球各控制着对侧的身体。

第二，有些人认为存在一种叫做"鼻周期"的现象，即左右两个鼻孔轮流担负主要的呼吸工作。

第三，有些人认为存在一种叫做"精神周期"的现象，即左右两边大脑轮流担负主要的思考工作。

比贝尔、夏纳霍夫-卡尔萨和博伊尔将这三种构思合而为一成了一个更有趣的假设——通过只用一个鼻孔呼吸，人可以控制自己的鼻周期，进而控制自己的精神周期。总结一下就是：鼻孔是智力的关键所在。

理论有了，但要检验理论的正确性需要很多准备工作和辛勤的劳动。

比贝尔、夏纳霍夫-卡尔萨和博伊尔在23个实验对象身上进行了实验。每个人都接受了训练，掌握一次只用一个鼻孔呼吸的方法。

每个实验对象都要进行一些实验，在试验中研究者们会检测他们左右鼻孔分别有多少空气流量。

在第一个试验中，实验对象先阅读一小段文字，然后凭回忆尽可能多地默写看到的东西。在另一个试验中，实验对象要先看着一个彩色积木堆成的形状，然后凭记忆把打乱的积木重新按原状堆起来。

实验对象们在进行这些实验时，先用卫生纸紧紧堵住左鼻孔，然后再换右鼻孔，然后两个鼻孔都放开。之后他们使用一种特殊的瑜伽技巧叫做"强迫性单鼻孔呼吸"。

根据比贝尔、夏纳霍夫 - 卡尔萨和博伊尔的理论，只用左鼻孔呼吸会促进右半脑的功能。相应的，只用右鼻孔呼吸会促进左半脑的功能。

这是一个非常简单却奇妙的理论，而实验结果也是简单又奇妙，研究团队用简单的语言将它总结如下：

> 我们的结果显示单鼻孔呼吸与认知能力有关，并且用强迫性呼吸的方式改变非主导鼻孔的鼻周期阶段确实会影响认知能力。

就这样，比贝尔、夏纳霍夫 - 卡尔萨和博伊尔满意地证明了有技巧地从一个鼻孔中呼吸可以促进你思考，当然还可以让别人觉得你很好奇。

为表彰玛西亚·E.比贝尔，大卫·S.夏纳霍夫 - 卡尔萨和迈克尔·R.博伊尔为我们揭示了鼻孔和大脑的关系，他们被授予1995年"搞笑诺贝尔奖"医学奖。

获奖者没有出席颁奖典礼。作者之一其实很想来，但是被其他两位劝住了。

搞笑诺贝尔之

特别的赞美

这个奖项颁出的几个星期以后，"搞笑诺贝尔奖"组委会收到了下面这封来自一位仰慕者的信：

亲爱的大笨蛋：

非常感谢你们如此毁谤出色的研究者（比贝尔和夏纳霍夫 - 卡尔萨）。那么，如果有一个加州大学洛杉矶分校的心脏病学小组重复了他们的研究会怎样呢？就算我们组用他们的方法实验并发现这个理论适用于超过 17 个生理学参数又怎样呢？就算我们这个心脏病学小组发现他们的参数非常适用于冠心病的预测（已经过核医学和心率能量谱测试）又怎样呢？说到底，不就是有利于几百万人口的事儿么？

所以就算他们找到的这个因素让上百个研究认知的论文都报废了那又怎样呢？

那个把他们的论文推荐来"确实很恶俗奖"（故意把"搞笑诺贝尔奖"的名称拼写成强调恶搞的形式）的白痴应该把所有比贝尔的研究可以帮助预防的疾病都得一遍（其中包括心肌梗死，青光眼，高血压）。

你们真让我反胃。

乔希 · 伯康（Josh Backon）博士

耶路撒冷希伯来大学

后来我们发现，原来伯康博士自己就是很多强迫性单鼻孔呼吸研究的作者。这些研究包括：

● 《强迫性单鼻孔呼吸对眨眼频率的影响：与多巴胺的半脑分布偏向性之间的相关性》(1989)

● 《一个强迫性单鼻孔呼吸的动物实验：与心理学和药理学的相关性》(1989)，在此文中伯康博士认为一个"单鼻孔呼吸的动物可以通过用一大块胶水堵住老鼠的左边或右边鼻孔来制备"。

● 以及《强迫性单鼻孔呼吸：一种可以影响大脑半球偏侧性和自主神经活动的技巧》(1990)，在此文中他报告了一些颇让人震惊的事实："屁股两侧受到不对称的压力会影响同侧的鼻腔阻力、自主神经张力和脑半球偏侧性。"

正如信的结尾所说，伯康博士还是呕吐方面的专家。他在1991年发表过相关的研究论文。

chapter 13

学无止境

　　知识，据说是个好东西。有些人据说比其他人懂得更多的知识。这一章要讲述 6 个跟获得、传播或摒弃知识有关的故事。

1 地狱在何方

当然，我们这些有信仰之人不需要科学来证实《圣经》里的都是真事或《圣经》的准确性。不过即使是这个科学上的突破、对我们所知的知识的拓展也已经在《旧约·但以理书》12:4中被预言了。

——杰克·范·英普，在《范·英普智慧简报》中如是说

▌正式宣布▐

兹将"搞笑诺贝尔天体物理学奖"授予：

杰克·范·英普事务所的杰克·范·英普博士和莱克希拉·范·英普（Jack and Rexella Van Impe），以表彰他们的发现——黑洞符合所有对地狱的技术性要求。

他们的发现是于 2001 年 3 月 31 日在电视和互联网（www.jvim.com）上主持"杰克·范·英普播报"时宣布的。黑洞宣言是在这个长约 30 分钟的节目的第 12 分钟播送的。这期节目的录像带可在杰克·范·英普事务所找到，事务所寄信地址为密歇根州特洛伊市 7004 邮箱，邮编 48007-7004。

黑洞的属性和位置使得研究它们极为困难——至少天文学家是这么认为的。他们先是从理论上预测了黑洞的存在，然后不辞辛苦地分析研究，将爱因斯坦的广义相对论和搭建在地面的光学天文望远镜（如哈勃太空望远镜等精密仪器）结合在一起。但2001年3月31日，杰克·范·英普牧师发布了一个简单的公告，改变了科学家们给予黑洞的定位。

电视布道者杰克·范·英普大致介绍了已知关于黑洞的种种科学证据，没有涉及太多细节（上电视很贵的，不是什么事都能细说）。这些证据让他得出了一个简单的结论：黑洞满足所有对地狱的技术性要求。

跟他这个领域的其他人不同，杰克·范·英普牧师和他的妻子莱克希拉是狂热的科学爱好者。在他们每周播出一次的电视节目"杰克·范·英普播报"上，杰克和莱克希拉（他们鼓励我们不带姓只用名地亲切地称呼他们）会讨论最新的科学发现。他们从报纸杂志上精选出一些新闻，然后按自己的喜好充满热情地引用《圣经》予以解释。

杰克和莱克希拉偶尔会说一些别人曾经提出过的说法，比如杰克曾在节目中说：

> 哥林多前书15:52中说"就在一霎时，眨眼之间，号筒末次吹响的时候。因号筒要响，死人要复活成为不朽坏的，我们也要改变"。通用电气公司的科学家们发现"一眨眼"其实是11/100秒。

莱克希拉·范·英普

大多数时候，他们会看到那些别人不觉得重要的事情的重要性。几年前杰克计算出了地狱的位置，莱克希拉则报告了天堂的所在。她精确的定位既充满科学感又不乏诗意：

> 最近天文学家的发现中最激动人心的要数猎户星座星云北部有一片很大的空洞，天空中的这个洞是如此巨大，大到人类无法了解，又是如此美丽，美到文字无法描述。所有天文学家都认为猎户座里有一个巨大的开口，直径可达 16，740，000，000，000 公里。地球绕太阳公转的轨道直径为 186，000，000 公里，对人类来说已经是个大到难以理解的数字。但猎户座的这个空洞却比地球公转轨道宽上 9 万倍。天堂一定在那里。

杰克和莱克希拉的许多发现对人类思想来说都是难以理解的。

杰克和莱克希拉经常提及一些专业科学家的研究工作。他们的天文学权威是埃德加·路西安·拉金（Edgar Lucien Larkin）博士，此人曾任加利福尼亚州洛山天文台主管。拉金博士在科学界的地位由他的著作《灵魂无与伦比的祭坛：以嵌满钻石的闪耀立方体为符号，一尺见方大小，立于所有古代神庙最神圣的处所》（*MatchlessAlter of Soul:Symbolized as a Shining Cube of Diamond*，*One Cubit in Dimensions & Set Within the Holy of Holies in All Grand Esoteric Temples of Aniquity*）奠定。此书出版于1917年。

拉金博士还著有一系列关于雅利安人的玄学与哲学的文章。拉金博士1925年上了天堂——也可能是下了地狱。

为表彰杰克·范·英普和莱克希拉·范·英普深不可测又极有远见的种种观点，他们被授予了2001年"搞笑诺贝尔奖"天体物理学奖。

获奖者无法，或不愿意出席颁奖典礼。范·英普的秘书告诉"搞笑诺贝尔奖"组委会他们不得不去参加一个"已经安排好的筹款活动"。

考虑到公众可能低估了范·英普夫妇对现代天文学的贡献，组委会安排了麻省理工学院的天体物理学家沃尔特·卢因（Walter Lewin）代表获奖者们领奖并暂时代为保管奖杯。以下是卢因教授为范·英普夫妇致的感谢辞：

> 我代表杰克·范·英普和莱克希拉·范·英普接受了这个颇具盛名的奖项，这个奖项是为了表彰他们为天体物理学所做的贡献——他们把黑洞和地狱用一种有趣的方式联系到了一起。
>
> 现在我想说，我是研究黑洞的科学家。黑洞是整个宇宙中最奇异、最激动人心、最迷人、最神秘、最让人震惊的东西之一。黑洞是如此的不可思议。它超越了我们最任

性的期待、最疯狂的幻想和最瑰丽的梦。作为一个科学家，遇到它，此生别无他求。黑洞就是我们的天堂。

但是最近我们的想法被杰克和莱克希拉纠正了，他们指出黑洞其实符合地狱的所有特征。受他们惊人的洞察力所启发，我们现在不得不重新思考我们对黑洞的看法——至少就我来讲，以后在研究黑洞内部的时候我一定会非常非常小心，不让自己挖得太深入。希望最后我的灵魂可以被宽恕。

最后我想用九个字来总结：黑洞很美，但离它远点。

高级绑架术

外星人从外太空赶来可不是为了帮助我们！

——《秘密生活》一书背面的大标题

正式宣布

兹将"搞笑诺贝尔心理学奖"授予：

哈佛大学医学院的约翰·麦克（John Mack）和天普大学的大卫·雅各布斯（David Jacobs），两位空想家，以表彰他们跳跃性的结论"那些相信他们曾被外星人绑架的人可能真被外星人绑架过"，尤其是结论中的这句"绑架行为的目的是生产后代"。

他们的研究成果以《秘密生活：UFO绑架全记录》（*Secret Life:Firsthand Documented Accounts of UFO Abductions*）为题成书，于1992年由西蒙和舒斯特出版公司出版。

多年以来，人们总是开玩笑说外太空生物会来地球绑架我们的女人。约翰·麦克博士和大卫·雅各布斯教授明白，这可不是开玩笑。他们决定勇敢地面对不可避免的种种嘲笑，向大家发出警告。

约翰·麦克是哈佛医学院的一名精神病学教授。大卫·雅各布斯则是天普大学的历史教授。他们二人刚开始接触外星人话题时都抱着深深的怀疑。

"我刚开始接触外星人绑架方面的研究时，"雅各布斯这样写道，"其实是持一种事不关己的态度，把它当做一个单纯的智力谜题是很容易的。但随着我对绑架现象的了解越多，它就变得越来越恐怖——既是一种个人情绪上的恐怖，也有对它在更大范围内的潜在社会影响的担心。"

麦克博士则被自己的发现深深困扰。"对于我和其他研究者来说，绑架研究已经对我们看待宇宙本质的观念产生了惊人的影响"。

正如任何优秀的精神病学家都具有敏锐的洞察力，麦克博士也指出即使是这么可怕的东西也有好处。"在与被绑架者的互动中，我发现他们即使带着创伤也成长得如此之强大，给我留下了深刻的印象"。

麦克博士和雅各布斯教授采访了约 300 名有这种经历的人。其中大部分是女性，当然一想到绑架的目的两位研究者觉得这个事实一点也不令人吃惊。

麦克博士和雅各布斯教授认为受害者们的经历其实组成了一个前后连贯又十分惹人注意的故事。

每个受害者都是被带到一个狭小的圆形的检查室中。"尽管意识很模糊，她还是能够看到发生了什么。"外星人将她的衣服脱掉，并把她放到一个桌上。"周围静得可怕。"通常外星人会将她的手脚固定住。他们检查她的身体，测试她的反射反应。他们分开她的双腿，快速地进行一次妇科检查（如果被绑架者是男性，他们则触摸、提拉和观察他的生殖器）。外星人还会检查她的乳房，并把什么东西插进她的嘴里。有些受害者说整个检查过程持续了数年。外星人将一些小而圆的金属物体植入被绑架者的耳朵、鼻子和鼻窦中；如果这是外星人的第二次"回访"性质的绑架，他们则会取走这些物体。然后外星人会进行大脑扫描，有时还会进行结合仪式（本质上可能就是性交）。之后他们将一根针插入她的小腹以获取卵子，如果这是"回访"绑架，他们可能会植入一个胚胎，如果这是第三次"回访"绑架，他们则会取出发育完全的胚胎。如果被绑架者是男人，这个过程会不一样，整体来说就是用一种抽吸器提取精子。

《秘密生活》一书中尽是雅各布斯教授采访受害者时的详细记录。

绑架，医学检查，强迫的性交，孕育胚胎以及半人的孩子被抢走，这一切都那样的可怕。但从一个非常深入的角度来说，整个过程中最恶劣的部分是：外星人的所作所为是不公平的。正如雅各布斯教授解释的那样：

> 不同种族间的接触完全不像科学家和科幻小说家所预想的那样：两个独立的世界谨慎地进行着平等互惠的交流。事实却是，这种接触是完全单边的。没有平等互惠，只有赤裸裸的一方对另一方的利用。事情是如何开始的，已经不得而知。事情将如何结束，我们更是无法预料。但我们必须直面绑架现象，并且开始理性地思考如何解决这个问题。

雅各布斯教授的叙述非常谨慎，并不夸大其词，他也没有要求别人仅仅因为他和麦克博士是知名大学的教授而重视他们的言论。

人们应该相信他们二人，雅各布斯教授这样解释道，因为人们别无选择："没有什么其他观点能够解释这样强大的证据，能够解释根据被绑架者们叙述的经历还有什么其他可能的解释。"

麦克博士同意这种观点，他说："（雅各布斯博士）很好地讲述了这些案例，并且极大地丰富了我们对被绑架者遭遇的了解。我们必须从这里继续前进。"

为表彰约翰·麦克和大卫·雅各布斯从"那里"继续前进的决心，和勇敢地向这个根本不属于听他们说话的社会说出无比重要的事实的精神，他们被授予了 1993 年"搞笑诺贝尔奖"心理学奖。

获奖者们无法，或者不愿意出席颁奖典礼。鉴于他们这个课题的重要性，"搞笑诺贝尔奖"组委会安排了凯文·斯德林（Kevin Steiling）——马萨诸塞州政府的一位刑事执法长官，来为观众们致辞。斯德林下面的这番话让观众们紧张的笑声戛然而止：

> 我叫凯文·斯德林。我是马萨诸塞州政府的首席助理检察官。绑架是一项联邦罪行。在马萨诸塞州政府的法律下这也是一项刑事犯罪。去年共发生了几百起绑架或绑架未遂案件。犯案者没有一个是来自其他星球的外星人。谢谢大家。

颁奖典礼过后一个星期，约翰·麦克的助理致电"搞笑诺贝尔奖"组委会说："麦克博士很高兴自己获得了'搞笑诺贝尔奖'。他愿意于下一年做一个主题演讲。"这位助理接着说麦克博士的所有雇员都很兴奋，他们计划着为这次演讲购买统一制服。

在之后的 12 个月里，"搞笑诺贝尔奖"组委会一直跟麦克博士的雇员保持联络，为主题演讲做计划。媒体宣布了这一好消息，民众们表达了对这一活动的兴奋与喜悦之情。

　　但就在 1994 年"搞笑诺贝尔奖"颁奖典礼召开前夕，麦克博士的职员通知组委会麦克博士无法参加典礼了。在颁奖典礼上，主持人宣布道：

> 没错，我们很失望，很伤心，但我们更加担心。这是一起没有任何解释的神秘事件。因此，我们将资助发起一场比赛来寻找答案。请将您的答案（25 个字以下）邮寄到以下地址：
>
> "约翰·麦克到底怎么了？"
>
> 银河　太阳系　地球　美国马萨诸塞州　剑桥
>
> 来信转交《不大可能的研究年报》编辑部　邮编 02238

　　遗憾的是，"搞笑诺贝尔奖"组委会后来一直没能搞明白那天晚上约翰·麦克到底发生了什么。

搞笑诺贝尔之

揭晓的秘密

　　大卫·雅各布斯教授继续着自己对外星人绑架现象的研究。在与约翰·麦克合著的这本 1992 年的书中，他对于下结论一事非常谨慎，因为当时他还在收集证据。到了 1998 年，证据已经非常确凿，于是他出版了一本新书，书名是《威胁逼近：揭示秘密外星人日程》（*The Thread:Revealing the Secret Alien Agenda*）。这本书中他直白地描述了外星人的所作所为：

他们"收集人类的精子和卵子，从基因上改变受精的胚胎，然后在人类体内培养这样胚胎，并且让人类从精神和肉体上都与这个胚胎进行接触以保证这些杂交种的发育。"

雅各布斯教授解释说外星人有时候会强迫被绑架者与这种混血儿性交。他正在收集证据来证明自己的怀疑，即当杂交混血儿增长到一定数量足以掌权时，外星人自然会放下神秘面纱来主动和我们联络。

约翰·麦克则继续采访那些被外星人绑架的人们。2000 年他出版了一本新书，并承诺这只是一系列丛书中的第一本。这本叫做《通往宇宙的护照：人类变种遭遇外星人》（*Passport to the Cosmos: Human Transformation and Alien Encounters*）的书讲述了之前从未公开过的 100 名受害者的遭遇。

3 拒绝演化论

奎师那（Krishnas）向堪萨斯州教育局发来贺电

堪萨斯德索托市，10月16日（毗湿奴派新闻网）1999年10月11日周一讯

　　国际奎师那知觉协会盛赞堪萨斯州教育局的历史性决策——拒绝演化论进入本州科学教材。周一的公共论坛上挤满了市民、教授、宗教信仰者和媒体，这里正为这起颇具争议的事件争论不休。达那福·戈斯瓦米（Danavir Goswami）代表国际奎师那知觉协会向教育局宣读了一封来自主塔卡尔马·达撒[（Drutakama Dasa），也即迈克尔·A.柯尔摩（Michael A.Cremo），]的信件以示祝贺，并向他们赠送了若干本《人类种族不为人知的历史》（*The Hidden History of The Human Race*），即删节版《考古学禁区》（*Forbidden Archreology*）。H.H.达那福·戈斯瓦米是密苏里州堪萨斯城如帊奴咖吠陀学院的负责人，他声称："教育局拒绝达尔文演化论作为科学定理进课本的行为非常大胆也非常出众。达尔文投机取巧地用含糊其辞的理论糊弄了全世界，但堪萨斯州教育局没有上当。"

　　　　　　——摘自毗湿奴派新闻网（Vaishnava）1999 年 10 月 16 日的新闻报道

兹将"搞笑诺贝尔科学教育奖"授予：

堪萨斯州教育局和科罗拉多州教育局，以表彰他们告诉孩子们相信牛顿的万有引力定律，相信法拉第和麦克斯韦的电磁场定律，相信巴斯德的微生物会致病理论，却不要相信达尔文的演化论。

无法在堪萨斯州教育局（美国卡萨斯州托皮卡市第十大街东南120号，邮编66612-1182）找到关于演化论的信息。也无法在科罗拉多州教育局（美国科罗拉多州丹佛东科尔法大道201号，邮编80203）找到关于演化论的信息。

美国中西部两个毗邻的州——科罗拉多州与堪萨斯州一向以提倡继承传统而自豪。20世纪80年代末，两州的教育局尝试着推行一种简化科学的新方法。

人们确实花了一些时间才接受了牛顿的万有引力定律，后来人们又花了一些时间努力接受了爱因斯坦那包罗空间、时间和物质的相对论。人们花了一些时间接受了迈克尔·法拉第和詹姆斯·麦克斯韦的电磁学理论。人们又花了一些时间接受了路易·巴斯德的微生物致病理论。人们花了不少时间来接受格雷戈尔·孟德尔的遗传学定律，相信特征可以从父母遗传到孩子身上。要接受查尔斯·达尔文的演化论、相信这些遗传学特征在无数代生物中如何演化，也需要时间。

以上这些理论都解释了极为大量的复杂的事实，同时这些事实也是支持这些理论的证据。每种理论的出现，都让人们看到所有证据忽然间都契合在了一起，都变得合情合理，这时你就会恍然大悟，原来眼前这个简单的定理足以解释这一切。

但它们也只是理论而已。这就是科学——让本来毫不相关的事实合情合理地串联在一起的理论。

有些人建议说，学校不应该教给孩子这些纯理论的东西。孩子们应该听听可靠的事实，而不是那些理论对事实的不完美的解释。

于是20世纪90年代，美国一小拨持这样想法的人决定让自己圈内的人入选学校校董会，而校董会成员正是决定学校教授什么内容的人。投票者通常不会太在意校董会成员选举这种小事，所以入选很容易。因为知道别人可能会不同意自己的意见，这些人采取了一个简单的策略：在成功入选前很少提及或闭口不谈自己的想法。先是科罗拉多州，然后是堪萨斯州，这些人所到之处皆成功入选，然后这些新上任的毫不引人注意的公务人员悄悄开始投票，要把一些理论从课本上踢出去——第一个中枪的就是演化论。

为表彰堪萨斯州教育局和科罗拉多州州教育局为保护邻州小朋友们不受理论之害所做的贡献，他们分享了1999年"搞笑诺贝尔奖"科学教育奖。

获奖者无法，或不愿意出席颁奖典礼。不过两州各有一名热心市民前来代表获奖者领奖，并暂时代为保管奖杯。

从科罗拉多州来的是年轻的艾米丽·罗莎（Emily Rosa），她去年曾代表另一位获奖者德洛丽丝·克雷杰（Dolores Kreiger，1998年"搞笑诺贝尔奖"科学教育奖获得者，获奖理由是"展示了触摸疗法——一护理人员在不进行接触的情况下通过调整病人的能量场来治病的方法——的优越性"）领奖。在代表科罗拉多州教育局接受颁奖时她说：

那个，今年我又来了。去年我代表德洛丽丝·克雷格教授领奖，她告诉护士们只要在空中比划几下就能治好病人。我已经12岁了，见过许多更奇怪的人。我所在的学校禁止教授演化论。在学校里我们不许谈论人类的演化，但这才是所有生命的起源，所有物种的起源。后来堪萨斯州也步我们学校后尘，就像是有什么风把我们学校整个吹到了堪萨斯。估计是龙卷风。

代表堪萨斯州的是堪萨斯大学分子生物科学系助理教授，道格拉斯·卢顿（Douglas Ruden）。在代表堪萨斯州教育局领奖时他说：

对我而言，堪萨斯州变得如此陌生。堪萨斯州的这次风波，是长久以来一直存在的科学与宗教的斗争中最臭名昭著的一起事件，原教旨主义者竟然成功地把演化论踢出了公立学校。但这一事件也激起了更多的反抗，许多堪萨斯州教师因这一事件的发生正更努力地教好科学课程。不要让堪萨斯州的悲剧发生在你身上。正如丹·奎尔（1998年"搞笑诺贝尔奖"科学教育奖得主，获奖理由是"比任何人都更好地证明了科学教育的必要性"）所说："失去理智是非常可怕的。"

几天后卢顿教授回到堪萨斯州，参加了堪萨斯州教育局的一次公开会议，在会上他将奖杯转交给了真正的获奖者。同时与会的还有密苏里州堪萨斯城如毗奴咖吠陀学院的负责人 H.H. 达那福·戈斯瓦米，他赞扬了教育局反对进化论的决定，并送上了新鲜出炉的庆祝饼干。教育局拒收"搞笑诺贝尔奖"的奖杯，但收下了饼干。堪萨斯大学的学生报纸这样报道这次的会议：

> 教育局成员I.B."索尼"·朗德尔（I.B. Sonny Rundell）和凡尔·德福尔（Val Defever）都反对新的课程标准，他们认为大部分教育局成员都应该接受这个名副其实的"搞笑诺贝尔奖"。"看着我们的家乡变成这样让我深深感到悲哀，"德福尔说，"跟这帮人共事让我无地自容。看到他们的行为为我们州带来的各种负面报道以及随之而来的负面形象，我真是气愤。"
>
> 教育局成员斯考特·希尔（Scott Hill）是投票支持新课程标准的人，他说卢顿代领并转交"搞笑诺贝尔奖"的行为使他本人的格调跌向新低。"我敢肯定他觉得这样做对往上爬有好处，"他说，"这种不明智的、心胸狭窄的、自私自利的小人要是基于事实来和我们讨论倒也罢了，做出这种事根本是贬低和侮辱了自己的反对声。"

与此同时，科罗拉多州教育局主席订了一个香蕉果篮送到"搞笑诺贝尔奖"组委会主席（亦即本书作者）马克·亚伯罕拉斯的家中。

这之后不久，在科罗拉多州，艾米丽·罗莎所在学校的校董会忽然改变了政策，允许在生物课上教授演化论。

科罗拉多州教育局主席将这个表达谢意的礼物
送给了"搞笑诺贝尔奖"组委会主席

在堪萨斯州和科罗拉多州之后一轮的校董会选举中，许多——尽管不是全部——投票反对教授演化论的校董会成员都被投票踢出了校董会。

看不懂？没关系

> 显然，现在我们对发表了索卡尔的论文感到十分懊悔。

——学术期刊《社会文本》编辑

▌正式宣布▌

兹将"搞笑诺贝尔文学奖"授予：

学术期刊《社会文本》（*Social Text*）的编辑们，以表彰他们热切地刊出了自己根本不明白的研究报告——作者称这篇报告毫无意义，内容是"现实根本不存在"。

这篇被质疑的论文以《越过界限：朝向量子引力的变形阐释学》为题 (Transgressing the Boundaries:Tower a Transformative Hermeneutics of Quantum Gravity) [作者：艾伦·索卡尔（Alan Sokal）] 发表在《社会文本》（*Social Text*）1996 年春/夏第 217-252 页。索卡尔在《一个物理学家为文化研究所做的实验》（A Physicist Esperiments with Cultural Studies）一文中以戏谑的口吻讲了前面那篇论文的故事，此文发表在学术期刊《通用语》（*Lingua Franca*）1996 年 5-6 月第 62-64 页。

有人批评科学家即使是描述一些最简单的东西也喜欢用些很高深难懂的技术性语言。但科学家是很受尊敬的群体——公众们倾向于认为所有的科学家都是天才。

有时候一些学者很羡慕科学家能得到大众几乎盲目的尊敬，于是想通过模仿科学家们写作时用的高深的科技语言来获得同样的待遇。科学家们觉得这样的做法很搞笑，但在极少数情况下倘若碰着一些特别特别热衷此道的非科学家，科学家们也会很困扰。有几位十分热衷这样做的教授声称，科学家们不过就是发明了一些看起来很厉害的科技词汇，然后假装这些狗屁不通的词汇确实有意义。一位物理学教授被这种无端而来的奇怪指责给惹急了，决定采取点行动。

纽约大学物理系的艾伦·索卡尔教授写了一篇无任何意义的文章。然后他将这篇文章和一封强调他是物理界"大牛"的投稿信一起寄给了一个颇有名望的学术杂志，想看看杂志社会不会发表此文。

索卡尔这篇废话文章可真不是盖的。全篇几乎没有一句话是有意义的，从题目就能看出来："越过界限：朝向量子引力的变形阐释学"。这篇文章完全就是——没错，各种高级科技词语大杂烩。长文连绵不绝，什么也没说，什么意思也没有，就是不停丢出一堆堆的术语和一堆堆知名科学家的名字。连引用文献都特别长一串，挥霍得就像第一次摆弄妈妈全套化妆品的小孩那么开心。

让索卡尔教授又反感又高兴的是，那个颇具声望的学术杂志真的发表了他这篇瞎写的文章。

然后索卡尔教授把真相公告天下，并发问道："这是怎么回事？难道这些编辑们都没看出这篇文章是在搞笑吗？"

后来他得到了这个问题的回答，答案是：没看出来。

这则新闻引起了轰动。世界各大报纸用头条报道了此事，许多人都被逗乐了。

但虚荣地刊出了索卡尔文章的《社会文本》杂志的编辑们一点不觉得这事好笑。在他们发表的回应声明中这样写道：

> 如果让一位物理学家审稿人来审索卡尔的文章，是否会判定此文不符合发表资格？这一点还有争议……索卡尔认为，他的搞笑文章之所以会发表完全是因为《社会文本》那些糊里糊涂的编辑们整天不好好工作——这个假设是错误的……至于我们刊出这篇文章的决定是对是错，读者自有评判。

读者们表示很高兴参与评判。

整个事件中有两个地方可能要略加说明。第一，确实有这样一些科学家，整天只知道乱造术语然后瞎用一通，但这样的科学家并不多，而且这样做的都不是好的科学家。

第二，索卡尔教授还嫌那些非科学家们烦人，他自己的恶作剧也没见着多和善呢。

但这件事确实为很多好的讨论提供了素材和话题，科学到底是为了什么？以及，《社会文本》的编辑们因刊出了一篇他们自己看不懂作者也不知道写了什么的文章，获得了1996年"搞笑诺贝尔奖"文学奖。

获奖者无法，或不愿意出席颁奖典礼。但文章的作者艾伦·索卡尔向颁奖典礼发来诚挚的贺电，主持人在颁奖典礼上宣读了贺电。

搞笑诺贝尔之

以下是从索卡尔教授的文章中摘出的一段（方括号内的数字代表引用文献，许多文献都可在上图中找到）。

"正如阿尔都塞正确的评语中说，'终于，拉康给出了弗洛伊德思想所需要的科学概念。'[59] 之后，拉康的专题拓扑学被大量地用于电影评论 [60] 和艾滋病的精神分析。[61] 用数学术语来说，拉康在这里指出了第一个球体同源组 [62] 并不重要，其他表面的同源组才具有深远的意义；并且这种同源性与这个表面被切割一次或数次之后的连通性或非连通性相关联。[63] 不仅如此，正如拉康所怀疑的那样，物理世界的外部结构与它的内部心理学表现有密切联系，这就是扭结理论：这个假设最近被威腾的扭结不变量导数（尤其是从三维的陈－西蒙斯量子场理论中衍生的琼斯多项式 [64]）证明存在。[65]

我们建议你像背诗或者记歌词那样把这段话背下来。下次你在聚会上遇到一个"万事通"时，就把这段话背一遍，记得中间不时暂停一下问问他："您同意我说的吗？"

戴尼提理论

从任何方面来说，戴尼提都没有违反地方法律，因为没有法律可以阻止一个人坐下来向另一个人倾诉自己的困境。如果有任何人想要独霸戴尼提，可以肯定他的动机与戴尼提没有任何关系，只是为了利益。

——摘自《戴尼提》一书

▌正式宣布▌

兹将"搞笑诺贝尔文学奖"授予：

L. 罗恩·赫伯特（L.Ron Hubbard），热诚的科幻小说作者，山达基（也称科学教）之父，以表彰他写出了充满活力的《戴尼提》（*Dianetics*）一书，此书可让人类或者说一部分人类大赚一笔。

L.罗恩·赫伯特的优秀著作

　　曾有一位名不见经传的科幻作者改行去写些更严肃题材的东西，后来他写出了一本在畅销书排行榜上高居不下的书。

　　L.罗恩·赫伯特的《戴尼提》初版时是以这样一句话开头的："戴尼提的创立是人类历史上的里程碑，其重要性可比肩火的发现，超越轮子和弓的发明。"那些买书的人肯定很赞同——出版商报告说此书已卖出超过1.8亿本，而戴尼提已成为了一种宗教——不但打入了很多人的精神世界，还依法注册并缴税。

　　所以，我们有许多理由相信，《戴尼提》已经成为了一本"好书"。

　　正如任何好东西一样，它也有批评者。这本书出版后不久，马丁·冈普特就为《新共和》(New Republic)杂志写了书评：

> （赫伯特的）"发现"中凡是讲得通的部分都不是他原创的，而他自己写的那些理论就笔者看来完全是个偏执狂的想法，如果这是本病历的话倒还算有趣，但作为大量出版的精神治疗书籍可就太危险了。

冈普特显然没有领会这本书的"妙处"。可能是为了防止其他人再遇到类似的困惑，这本书后来的版本开头换成了对"冈普特"们的友好建议：

> 阅读本书时，请确保在完全理解你阅读过的每个字之后才继续向后读……为了帮助你理解书中的内容，那些容易被误解的词语在第一次出现时会附有注解。凡是带注解的词右上都会有一个小数字，注解内容则写在本页下方对应的数字后面。

这些注解真的很有用呢。对注解的随机抽样可以让你了解这本书的覆盖内容有多么广泛：

> 当下：现在所处的时间，你一看到它它就瞬间成为过去了。这是一个用来粗略描述现在所处的环境的词。
>
> 情报人员：负责收集和处理敌方军力、天气和地形数据的军方工作人员。
>
> 锁定：一个用于分析自我的时刻，印痕的知觉度会被大致估算，然后重新刺激印痕或实践导致印痕产生的行为，使得反应式心灵会错误地分析当前的知觉度，误以为导致伤痛的同样的情况又要发生。
>
> 外牙物：牙齿的提取物。

《戴尼提》是一本巨著——深刻，涉及内容广泛，并且很精细。读一遍不足以理解其中无穷的智慧。正如其他那些为整个宗教奠基的伟大著作一样，它启发了学识渊博精神世界丰富的人去动笔写书诠释原作、帮助新读者解读文本。这些注解书籍包括：

《进阶过程与格言》，作者 L. 罗恩·贺伯特

《一切皆与辐射有关》，作者 L. 罗恩·贺伯特

《助修手册》，作者 L. 罗恩·贺伯特

《基础戴尼提图册》，作者 L. 罗恩·贺伯特

《病例救助》，作者 L. 罗恩·贺伯特

《心灵电仪表的操作训练》，作者 L. 罗恩·贺伯特

《儿童戴尼提》，作者 L. 罗恩·贺伯特

《清空身体，清空心灵》，作者 L. 罗恩·贺伯特

《人力之创造》，作者 L. 罗恩·贺伯特

《戴尼提 55！》，作者 L. 罗恩·贺伯特

《戴尼提：科学的演化》，作者 L. 罗恩·贺伯特

《生活的动力》，作者 L. 罗恩·贺伯特

《心灵电仪表概要》，作者 L. 罗恩·贺伯特

《小组听析员手册》，作者 L. 罗恩·贺伯特

《待清新者手册》，作者 L. 罗恩·贺伯特

《你之前真的生活过吗？》，作者 L. 罗恩·贺伯特

《怎样通过执行来生活》，作者 L. 罗恩·贺伯特

《使用心灵电仪表》，作者 L. 罗恩·贺伯特

《山达基伦理学介绍》，作者 L. 罗恩·贺伯特

《听析程序的介绍与示范手册》，作者 L. 罗恩·贺伯特

《知》，作者 L. 罗恩·贺伯特

《讲座笔记》，作者 L. 罗恩·贺伯特

《组织执行力课程和管理系列》（12 卷），作者 L. 罗恩·贺伯特

《工作中遇到的问题》，作者 L. 罗恩·贺伯特

《净化：给药物的答案》，作者 L. 罗恩·贺伯特

《研究和发现系列丛书》，作者 L. 罗恩·贺伯特

《生存的科学》，作者 L. 罗恩·贺伯特

《山达基 0-8》，作者 L. 罗恩·贺伯特

《山达基 8-80》，作者 L. 罗恩·贺伯特

《山达基 8-8008》，作者 L. 罗恩·贺伯特

《山达基：人类历史》，作者 L. 罗恩·贺伯特

《山达基：生命新观点》，作者 L. 罗恩·贺伯特

《山达基：思考的原理》，作者 L. 罗恩·贺伯特

《自我分析》，作者 L. 罗恩·贺伯特

《戴尼提和山达基的技术新闻简报》（18 卷），作者 L. 罗恩·贺伯特

《了解》，作者 L. 罗恩·贺伯特

《了解心灵电仪表》，作者 L. 罗恩·贺伯特

鉴于 L. 罗恩·贺伯特对书籍界的贡献，他获得了 1994 年"搞笑诺贝尔奖"文学奖。

获奖者无法，或不愿意出席颁奖典礼。在颁奖典礼上，麻省理工学院的天文学家和作家艾伦·莱特曼（Alan Lightman）称赞了获奖者：

拉斐特·罗恩·贺伯特生于 1911 年。我们不太确定他是哪一年去世的。在巅峰时期，他每个月写超过 10 万字，我跟你保证这真是特别多的字。他有一台特制的 IBM 打字机，像常用字"这"（the）和"但是"（but）都是用一个键按出来的，他打字机上的纸都是卷成一大卷用，这样就不用浪费时间换纸了。他的小说卖了超过 2.3 亿本，但非虚构类作品卖了超过 2.7 亿本。贺伯特死后写的书都比我们这个年纪的作者多。他让活着的作家们无地自容。

颁奖典礼过后，山达基教会的一位代表致电"搞笑诺贝尔奖"组委会，并礼貌地询问："是谁提名 L. 罗恩·贺伯特当'搞笑诺贝尔奖'候选人的？"于是组委会解释这个奖项是如何提名的，任何人都可以提名任何人；很多时候——包括贺伯特的提名也是——获奖者是由很多人一起提名的；并且组委会的传统是不保留（也是实在没有能力保留）所有记录。这引出了随后几个月里有趣、友好又愉快的对话。

"搞笑诺贝尔奖"不是唯一一个大量公众提名 L. 罗恩·贺伯特的特别奖项。1988 年兰登书屋要求一群文学专家评出 20 世纪出版的 100 部最佳英语小说，同时也向广大读者征集投票。结果搞出了两个不同的名单。以下是两份名单分别列出的前 10 名：

专家选出的前 10 名名单：

1.《尤利西斯》，作者：詹姆斯·乔伊斯

2.《了不起的盖茨比》，作者：F. 斯考特·菲茨杰拉德

3.《一个青年艺术家的画像》，作者：詹姆斯·乔伊斯

4.《洛丽塔》，作者：弗拉基米尔·纳博科夫

5.《美丽新世界》，作者：奥尔德斯·赫胥黎

6.《喧嚣与骚动》，作者：威廉·福克纳

7.《第22条军规》，作者：约瑟夫·海勒

8.《中午的黑暗》，作者：阿瑟·库斯勒

9.《儿子与情人》，作者：D.H.劳伦斯

10.《愤怒的葡萄》，作者：约翰·史坦贝克

读者选出的前10名名单：

1.《阿特拉斯耸耸肩》，作者：安·兰德

2.《源泉》，作者：安·兰德

3.《地球战场》，作者：L.罗恩·贺伯特

4.《指环王》，作者：J.R.R.托尔金

5.《杀死一只知更鸟》，作者：哈波·李

6.《1984》，作者：乔治·奥威尔

7.《颂歌》，作者：安·兰德

8.《我们活着的人》，作者：安·兰德

9.《地球使命》，作者：L.罗恩·贺伯特

10.《恐惧》，作者：L.罗恩·贺伯特

6　圣经密码

摘要：人们注意到如果将《创世纪》写在横竖等距的格子中，等距字母系列组成的单词若意思相关，通常出现在相距较近的上下文中。如今可用于分析这种现象的数量统计工具已十分成熟。随机取样分析显示，这种现象的显著性水平可达到0.00002。

——摘自研究报告《〈创世纪〉中的等距字母序列》

▌正式宣布▐

兹将"搞笑诺贝尔文学奖"授予：

以色列人多伦·维兹特姆（Doron Witztum），埃利亚胡·利普斯（Eliyahu Rips）和尤夫·罗森伯格（Toav Rosenberg），以及美国人迈克尔·卓思宁（Michael Drosnin），以表彰他们用极细致的统计测试发现《圣经》包含一种隐藏密码。

维兹特姆、利普斯和罗森伯格的研究论文发表在学术期刊《统计科学》（*Statistical Science*）1994年第9卷第3册第429-439页。卓思宁的著作《圣经密码》1997年由西蒙和舒斯特出版社出版。

1994 年，三位受人尊敬的科学家宣布他们发现了一个巨大的真实存在的秘密。有人——他们不愿意具体指出此人是谁——在《圣经》中隐藏了秘密信息。

多伦·维兹特姆，埃利亚胡·利普斯和尤夫·罗森伯格（为了方便起见将他们简称为"W，R&R"）皆为以色列数学家。他们花费数年时间潜心研究《圣经》，既不是因为它的宗教意义，也不是为了它的文学价值，而是想要知道其中是否隐藏着密码信息。他们找到了自己孜孜以求的东西。

对于圣经密码爱好者来说，科学家们用的方法真是迷人。

首先"W，R&R"做了一些准备工作，将希伯来文《圣经》的所有字母都放入等宽（宽度为 h）的圆柱阵列中，并设计了一个可以大致表示字符密集度的方法。然后他们详细分析了不同等距离字母序列的最小连续有意义区。然后他们计算了一个可以大致衡量《创世纪》中较为重要的等距字母序列最大密集度的计量单位。

当然这些都只是准备工作。真正的统计过程描述起来实在太复杂，就不做详细介绍了。

以电脑为解码利器，"W，R&R"解读了《圣经》。他们的发现——用很多听到这个消息的人的话来说——太不可思议了，"W，R&R"从《以色列伟人百科全书》中选取了 32 个人名。都是些很为大众所知的名人：拉比·亚夫拉罕·伊本 - 以斯拉（Rabbi Avraham Ibn-Ezra）；甘兹的拉比·大卫（Rabbi David of Ganz）；克拉科夫的拉比·和希尔（Rabbi Heshil of Cracow）；罗森伯格的马哈仁姆（the Maharam of Rothenburg）等。然后"W，R&R"让他们的电脑程序从圣经中寻找与这些人姓名和生日相关的密码。

他们成功了。他们找到了自己决意寻找的东西。

三位数学家将这个发现写成一份详细的报告，此报告发表在一个颇具声望的研究期刊《统计科学》（*Statistical Science*）上。

这篇文章的出现就像掉进油锅里的水一样激起一片争论，并且引发了两种反应。有些人认为这个研究为《圣经》无可比拟的力量与神秘提供了证据。但大部分人只是哈哈一笑。

《统计科学》的编辑很快发表了一份特别的免责声明："有些人似乎把《统计科学》刊登维兹特姆、利普斯和罗森伯格文章的做法当做是对这个研究的科学支持。这种想法大大夸大了事实……几位作者的研究并没能让我严肃认真地怀疑和思考，完全没有，我一直认为他们的结果就是巧合而已。……刊登这篇文章只是为了向读者们提出一个略有难度的谜题。"

1979 年随着《华尔街日报》和《华盛顿邮报》的前记者迈克尔·卓思宁推出了自己的畅销书《圣经密码》（*The Bible Code*），再一次引发了更多人对这个问题的注意。《圣经密码》不仅介绍了"W，R&R"的研究，还提出了一个更好的发现。卓思宁说《圣经》中包含的东西远比"W，R&R"提到的更丰富。"《圣经》，"他写道，"就像一个巨大的纵横填字谜。它从头到尾都蕴含着密码，而这些密码串联起来就是一个隐藏的故事。"

卓思宁的书以一篇惊人的报告作为开头，报告中说他曾经在以色列总理伊扎克·拉宾（Yitzhak Rabin）被刺前几天写信给他，信中警告他说：

> 一位以色列数学家发现，《圣经》中隐藏着的密码似乎能够预言《圣经》写成几千年后发生的事情。我告诉你这个的原因是，《圣经》密码中你的全名——伊扎克·拉宾只出现了一次，而这个名字旁边写着"刺客将会刺杀"。

迈克尔·卓思宁在畅销书中赞扬了此次一同获得"搞笑诺贝尔奖"的维兹特姆、利普斯和罗森伯格，但这三人一点也没有赞扬迈克尔·卓思宁的大作

　　尽管卓思宁没能救下拉宾，但他的书却大卖特卖。

　　但"W，R&R"却对被卓思宁抢了风头感到十分愤怒。他们举行了记者招待会，在会上说："卓思宁先生的著作完全没有使用科学方法……卓思宁先生的书是基于错误的主张之上的。想利用《圣经》密码去预言未来根本不可能。"

　　卓思宁面对批评十分淡定，他发出了一个挑战："如果我的批评者们能在《白鲸》中也找到总理将会遇刺的信息，那我就相信他们的话。"话音刚落，卓思宁的批评者们没怎么费劲就找出了好几个总理和一堆已过世的名人的死亡信息。其中有：

英迪拉·甘地

约翰·F. 肯尼迪

亚伯拉罕·林肯

马丁·路德·金牧师

雷奈·默瓦德（黎巴嫩总统，1990 年遇刺）

恩格尔伯特·陶尔斐斯（奥地利总理，1934 年遇刺）

列夫·托洛茨基

戴安娜王妃和她的男友多迪·法耶兹，以及他们的司机亨利·保罗

人们发现含有隐藏信息的还有托尔斯泰的《战争与和平》,《美国独立宣言》，以及其他任何篇幅很长的书籍文本，只要想找就找得到。

统计学家们基本都过着安静的生活。他们的工作无论多么出色、多么重要，似乎都没有媒体报道介绍。但在这个少见的统计学大放光芒的时刻，所有记者都想采访统计学家，给他们拍照录影——问问他们与密码有关的内幕。

在那极为短暂的几个星期里，统计学家们频频上镜，在新闻节目上用公式详细地解释着置信区间和其他自己常用的简单工具。原来从书里找到各种惊人的人名和信息如此容易！只要你不介意这些信息必须用某种解密工具处理后才能看到。他们还进一步指出，在任何数量足够多的群体中——一本书里的字母，天上的星星，垃圾桶打翻后掉得到处都是的垃圾——你几乎总能找到任何你想找的排列。数学中甚至有一个分支——拉姆齐理论（Ramsey Theory）——就是专门解释这种现象的原因的。

不过，《圣经》确实是一本很特别的书，其中隐藏的信息也是很

特别的信息，多伦·维兹特姆，埃利亚胡·利普斯和尤夫·罗森伯格更是专注的意志坚决的搜寻者。他们的专注和坚决得到了回报。这四人共同获得了 1997 年"搞笑诺贝尔奖"文学奖。

所有获奖者都无法，或不愿意出席颁奖典礼。

在获得"搞笑诺贝尔奖"五年之后，迈克尔·卓思宁出版了一本新书：《圣经密码 2——倒计时》(*The Bible Code2-The Countdown*)。

多伦·维兹特姆也出版了自己的著作《创世纪密码》(*The Code from Genesis*)。他还花了大量时间精力回应别人对他的研究的评论。维兹特姆的网站 www.torahcodes.co.il 上有一些他写的关于他的批评者的详细论文。其中有一篇论文的题目特别长，但从中可以一窥维兹特姆充满朝气的写作风格：《对麦凯对于我对他对我的文章的回应的回应的回应……》。

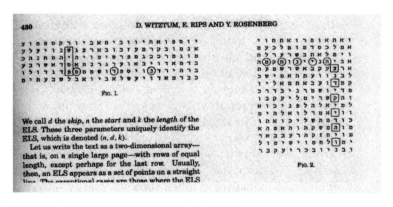

维兹特姆、利普斯和罗森伯格的激动人心的研究报告

搞笑诺贝尔之

他们是如何破解密码的

　　维兹特姆、利普斯和罗森伯格的研究报告解释了他们破解《圣经》密码的方法，实际上对于方法本身没人有异议。尽管整个报告用了 10 页来描述和引入非常复杂的数学、统计学方法，但从他们的图表上还是能一眼看出这个方法十分简单易懂。

附录一

我们的网站

"搞笑诺贝尔奖"的主页在 www.improbable.com 网站上。

它是《不大可能的研究年报》网站上的一个版块。

在这里你可以找到完整的获奖者名单，大多数获奖者的名字都可以连接到他们的主页、原始研究、关于他们的新闻报道，你还能找到许多颁奖典礼的视频和音频链接。有时候我们还会更新往届"搞笑诺贝尔奖"得主的最新动态。

免费的简讯 想及时获知即将举办的"搞笑诺贝尔奖"颁奖典礼资讯以及相关活动，可以免费订阅我们的简讯 mini-AIR。你可以直接在网站上订阅，也可以向下面的邮箱发一封简短的邮件：

listproc@air.harvard.edu

请留意邮件内容只能包含文字"订阅 mini-AIR"（subscribe mini-AIR）+ 你的名字。这里有两个示例：

订阅 mini-AIR 依雷娜·居里·约里奥（Irene Currie Joliot，居里夫人的女儿，同为诺贝尔奖获得者）

订阅 mini-AIR 尼古拉·罗巴切夫斯基（Nicholai Lobachevsky，俄罗斯数学家，非欧几何的早期发现人之一）

关于《不大可能的研究年报》

《不大可能的研究年报》（*Annals of Improbable Research*，简称 *AIR*）是一份科学幽默杂志，里面全是从超过 1 万种科学、医学、技术和学术杂志中挑选出的真正的"不可能"研究，假装一本正经的行文风格加各种好玩的图片再混入极冷的幽默感，就这样把有趣的研究呈现给你。杂志印在泛黄的纸上，每年出 6 期；其中有一期专门介绍当年度的"搞笑诺贝尔奖"得主和颁奖典礼。

想浏览每一期的目录，阅读精选文章，获取免费试读版本，可以到"不可能研究"的网站上一睹为快：www.improbable.com

想订阅杂志可以通过网站、电子邮件、电话或传真：

美国马萨诸塞州坎布里奇

邮箱 380853

《不大可能的研究年报》

邮编 02238

电话：617-491-4437

传真：617-661-0927

电子邮箱：air@improbable.com

附录二

历年获奖者名单

注：

1. 大多数获奖者的更多详细信息——包括已发表论文的详细引用文献和引用书籍——都可以在"不可能研究"的网站 www.improbable.com 上找到。

2. "搞笑诺贝尔奖"始于 1991 年，那一年有三个奖项是颁发给杜撰出来的成就的，这三个奖项没有包括在下面的名单中。其他所有奖项——包括之后每一年的每一个奖——都颁发给了真实的成就。

1991年

经济学奖：迈克尔·弥尔肯，华尔街巨子，垃圾债券之父。全世界都欠他钱。

和平奖：爱德华·泰勒，氢弹之父，是"星球大战武器系统"的热情拥护者，他一生都致力于改变我们所熟知的那个和平的定义。

生物学奖：罗伯特·克拉克·格雷厄姆，精子的筛选者和繁殖之先知，他开创性地建立发展了"胚种选择库"——一家只接受诺贝尔奖获得者和奥运选手捐献精子的精子银行。

化学奖：雅克·本闻内斯特，多产的倡导者和《自然》期刊的热心作者，他发现水是一种智能液体，并且令他十分满意的是自己证明了水能够记住很久以前发生在水里的事情，即使当时的所有痕迹都已经消失不见了。

医学奖：艾伦·克里格曼，消化辅助理念之父，气体征服者，"宾诺"的发明者，他所做的先驱性研究使他发明了可以防止腹胀、放屁和尴尬不快的抗放屁添加液。

教育奖：J·丹·奎尔，时间消耗者，空间占据者，他比任何人都更好地证明了科学教育的重要性。

文学奖：埃里希·冯·戴尼肯，想象力丰富的故事讲述者，《诸神战车》作者，他解释了人类文明是如何受古时候外星人的影响的。

1992年

经济学奖：劳合社的投资者们，这家谨慎惨淡经营 300 年的机构的继承者们，他们拒绝为公司的亏损付钱，这一大胆的尝试可以说为公司即将迎来的灾难在板上又钉了个钉。

和平奖：达里尔·盖茨，洛杉矶市前任警察局长，他集合人群的本领十分独特有效。

生物学奖：塞西尔·雅各布森医生，坚持不懈的慷慨的精子捐献者，多产的精子银行创建者，他设计了一种简单的、只需一个人就可完成的精子质量控制法。

考古学奖：法国新教的青年团体光明童子军，墙壁涂鸦清洁者，他们把法国村庄布吕尼凯勒附近的梅里雷斯山洞里的古代壁画给擦掉了。

物理学奖：大卫·乔利和道格·鲍尔，低能量物理学巨子，他们为以麦田圈几何结构为基础的理论作出了画圈圈的贡献。

艺术奖：这一年的艺术奖有两位获得者。第一位是吉姆·诺尔顿，现代文艺复兴大师，他制作了一张精美的解剖学海报"动物王国中的阴茎"。另一获奖者是美国国家艺术基金会，他们鼓励诺尔顿先生将自己的作品扩展成了一本书。

医学奖：横滨市资生堂研究中心的神田、八木、福田、中岛、太田和中田，他们的研究《导致脚臭的化合物解析》极具开创性，尤其精彩的是他们从研究中得出的结论——那些觉得自己脚臭的人，脚真的臭；不觉得自己脚臭的人，脚确实不臭。

化学奖：伊薇特·巴萨，彩色胶体的构造者，她为20世纪化学界的最高成就——蓝色"吉露"果冻的发明——做出了贡献。

营养学奖：午餐肉的食用者们，勇敢的罐头食品消费者，你们在54年中不加歧视地吃掉它们的行动值得赞扬。

文学奖：尤里·斯特拉科夫，莫斯科有机元素化合物研究所的不知疲倦的作者，1981年到1990年间他发布了948篇科学论文，平均每天3.9篇。

1993年

经济学奖：南方卫理公会大学的莱维·巴特拉，精明的经济学家和畅销书作者，著有《1990年大萧条》（17.95美元，约合114元人民币）和《撑过1990年大萧条》（18.95美元，约合人民币120.7人民币），他靠大卖特卖自己的著作以一己之力挽救世界经济于崩溃边缘。

和平奖：菲律宾的百事可乐公司，甜美希望和梦想的提供者，因为他们赞助了一场可以成就百万富翁的比赛却宣布了错误的获奖号码，使得 80 万名潜在获奖者集合起来，促成了这个国家历史上第一次各个敌对帮派的大合作。

医学奖：詹姆斯·F. 诺兰，托马斯·J. 史迪威和小约翰·P. 桑兹，这些充满仁慈关爱之心的医者写了一篇看着就疼的研究报告《小弟弟被拉链夹住后的紧急处理》。

物理学奖：法国人路易·科弗兰，炼金术的疯狂热衷者，他得出结论认为鸡蛋壳中的钙是通过冷核聚变形成的。

消费工程学：罗恩·波佩尔，发明不断的发明家，永远的深夜电视广告推销员，他通过发明蔬菜处理器、便携钓鱼器、挂耳式收音机和蛋白蛋黄分离器等商品重新定义了工业革命。

影像技术奖：共有两个获奖者。第一位是密歇根州法明顿希尔斯的杰·希夫曼，他发明了一种投影装置 AutoVision 让人可以一边开车一边看电视。另一个获奖者是密西根州的立法机关，他们通过了让这个发明合法化的提案。

数学奖：南卡罗来纳州格林维尔的罗伯特·菲德，卓有远见的可靠的统计学预言家，他精确的计算出了米哈伊尔·戈尔巴乔夫是敌基督者的概率（710，609，175，188，282，000 比 1）。

化学奖：来自田纳西州瞭望山的詹姆斯·坎贝尔和盖恩斯·坎贝尔，这两位芳香传递者发明了香味片，就是这个讨厌的技术让杂志书页可以带上香水味。

生物学奖：俄勒冈州卫生部的小保罗·威廉姆斯和利物浦热带医学学院的肯尼斯·W. 纽厄尔，两位生物学侦探，他们做了一项先锋性研究——"带猪去快乐地兜风有助于它们排出体内的沙门氏菌"。

心理学奖：哈佛大学医学院的约翰·麦克和天普大学的大卫·雅各布斯，两位空想家，他们经过调查研究得出了跳跃性的结论"那些相信他们曾被外星人绑架的人可能真被外星人绑架过"，尤其是结论中的这句"绑架行为的目的是生产后代"。

文学奖：E.托普尔，R.加里弗，F.范德沃夫，P.W.阿姆斯壮以及其他972名共同作者，他们发表了一篇医学研究论文，作者数是页数的100倍。

1994年

医学奖：这一奖项分两部分颁发。第一部分，获奖者病人甲，曾于美国海军陆战队服役，被自己的宠物响尾蛇咬伤的勇敢的受害者，他坚持只采用电击疗法：在他的坚持下，一根汽车的火花塞电线被连到了他的嘴唇上，然后把汽车发动机开到3000转5分钟。第二部分，获奖者落基山毒理中心的理查德·C.达特博士和亚利桑那大学健康科学中心的理查德·A.古斯塔夫森博士，他们写出了有充分依据的医学报告：《对响尾蛇蛇毒采用电击治疗的失败经验》。

心理学奖：李光耀，新加坡前总理，负强化心理学的实践者，他花了30年时间研究惩罚300万新加坡公民的吐痰、嚼口香糖或喂鸽子行为所带来的效果。

经济学奖：智利的胡安·帕布罗·戴维拉，不知疲倦的金融期货交易员，智利国家铜业公司前雇员。由于他搞错了电脑指令，在交易中每当他想要"卖出"时电脑就会"买入"，后来他想要补上这部分损失却挑了个更不赚钱的交易，以至于最后造成了相当于智利国民生产总值0.5%的损失。戴维拉（Davila）执著的行为启发了他的同胞，他们造出了一个新动词："davilar"，意思是"坚定不移地添乱"。

和平奖：玛赫希管理大学科学技术与公共政策研究所的约翰·哈格林，和平思想的传播者，他通过实验得到结论：4000名经过训练的调解者可以让华盛顿特区的暴力犯罪下降18%。

昆虫学奖：纽约韦斯特波特的罗伯特·A.洛佩兹，勇敢的兽医，大大小小各种生物的好朋友，他做了一系列实验，从猫身上找到耳螨，放进自己的耳朵里，然后仔细观察和分析实验结果。

物理学奖：日本气象局，他们做了一个为期7年的研究以确定地震是不是由鲶鱼扭动尾巴所引起的。

数学奖：美国亚拉巴马州南方浸信会，用数学方法度量道德的评估员们，他们逐个郡逐个郡地走访亚拉巴马州，调查如果不忏悔的话就肯定会下地狱的亚拉巴马州居民有多少。

生物学奖：W.布莱恩·斯威尼，布莱恩·克拉夫特-雅各布斯，杰弗里·W·布里顿和韦恩·汉森，他们所做的研究《便秘的士兵：美国派遣部队中的便秘发生率》十分具有突破性，尤其是其中对排便频率的数字分析。

化学奖：德克萨斯州参议员鲍勃·格拉斯哥，撰写合乎逻辑的法律法规的智慧的执笔者。他提交了1989年的药物控制法案，法案规定未经许可擅自购买烧杯、烧瓶、试管和其他试验用玻璃仪器是犯法的。

文学奖：L.罗恩·赫伯特，热诚的科幻小说作者，山达基（也称科学教）之父，他写出了充满活力的《戴尼提》一书，此书可让人类（或者说一部分人类）大赚一笔。

1995年

公共卫生奖：挪威特隆赫姆的"科学与工业研究基金"（SINTEF）下属 Unimed 公司的玛莎·科尔德·巴克凯维奇，和丹麦科技大学的卢斯·尼尔森，他们做了一个全面详尽的研究——《湿内衣对温度调节反应和寒冷条件下热舒适度的影响》。

牙医学奖：美国明尼苏达州肖尔维犹的罗伯特·H.博蒙特，他的研究《病人对有蜡／无蜡型牙线的偏好》十分简洁明了。

医学奖：玛西亚·E.比贝尔，大卫·S.夏纳霍夫-卡尔萨和迈克尔·R.博伊尔，他们的研究《强迫单侧鼻孔呼吸对认知的影响》让人读来精神一震。

经济学奖：尼克·李森及他在巴林银行的上司们，和美国加利福尼亚州橘子郡的罗伯特·赛琼共同获得此奖。他们用微积分求导的方法证明了每家金融机构都有局限性。

心理学奖：庆应义塾大学的渡边茂、坂本纯子和胁田真澄，他们训练鸽子区分毕加索和莫奈的画作并获得了成功。

化学奖：贝弗利山的毕扬·帕卡扎德，他发明了 DNA 古龙水和 DNA 香水，两种香水均不含脱氧核糖核酸，并以三螺旋样式的瓶子盛装。

物理学奖：英国诺威奇食物研究所的 D.M.R.乔治，R.帕克和 A.C.史密斯，他们严格分析了完全浸湿的早餐麦片，并发表了一篇以《一个关于水分含量对早餐麦片压紧现象的影响的研究》为题的论文。

营养学奖：亚特兰大 J.马丁内斯公司的约翰·马丁内斯，他发明了世界上最昂贵的咖啡——猫屎咖啡（Luak Coffee），制作这种咖啡的咖啡豆是被椰子猫吃下去又拉出来的咖啡豆，椰子猫是一种产于印度尼西亚的像山猫一样的动物。

文学奖：威斯康辛州麦迪逊的大卫·B.布什和詹姆斯·R.斯达林，他们写了一份十分深入的研究报告：《直肠异物：案例分析和全世界文献的综合回顾》。报告的引用文献包括对以下异物的报告：7个电灯泡；1个磨刀器；2个手电筒；1个钢丝弹簧；1个鼻烟壶；1个用土豆做瓶塞的油罐；11种不同形状的水果、蔬菜和其他食物；1个首饰工手锯；1条冷冻过的猪尾巴；1个锡质杯子；一个啤酒杯；另有一个病人的直肠里有数量惊人的收藏品，其中包括眼镜，一把旅行箱钥匙，一个烟草袋和一本杂志。

公共卫生奖：格陵兰岛努克的爱伦·克莱斯特和挪威奥斯陆的哈罗德·莫伊，他们撰写了一篇具有警告意义的医学报告《通过充气娃娃造成的淋病传播》。

医学奖：雷诺烟草公司的詹姆斯·约翰斯顿，美国烟草的约瑟夫·泰迪欧，罗瑞拉德烟草公司的安德鲁·蒂施，菲利普莫里斯烟草公司的威廉·坎贝尔，利吉特烟草公司的爱德华·A.霍里根，美国烟草公司的唐纳德·S.约翰逊和已过世的布朗和威廉姆森烟草公司主席小托马斯·E.桑德弗，以表彰他们不可动摇的的经过美国国会证实的发现：尼古丁不会成瘾。

经济学奖：布法罗大学的罗伯特·J.金科博士，以表彰他发现经济紧张是造成破坏性牙周疾病的致病因素之一。

和平奖：雅克·希拉克，法国总统，他纪念广岛原子弹爆炸50周年的方式是在太平洋试爆原子弹。

生物多样性奖：日本名古屋冈村化石实验室的冈村长之助，他发现了迷你恐龙、迷你马、迷你龙和其他共计超过1000种已灭绝的"迷你物种"，所有物种大小都不超过25毫米。

物理学奖：英国阿斯顿大学的罗伯特·马修斯，他在对"墨菲定律"的研究颇有心得，尤其是他证明了一片面包掉在地上时着地的通常都是抹了黄油的一面。

艺术奖：美国马萨诸塞州菲奇堡的唐·费瑟斯通，他发明了著名的装饰品：塑料粉色火烈鸟。

化学奖：普渡大学的乔治·戈布尔，他利用木炭和液氧只用了3秒钟就升起了烧烤的火，打破了烧烤点火的世界纪录。

生物学奖：挪威卑尔根大学的安德斯·巴黑姆和奥涅·桑德维克，他们撰写了又美味又有品味的报告：《麦芽酒、大蒜和酸奶油对水蛭胃口的影响》。

文学奖：学术期刊《社会文本》的编辑们，他们热切地刊出了自己根本不明白的研究报告——作者称这篇报告毫无意义，内容是"现实根本不存在"。

和平奖：英国萨里大学的哈罗德·希尔曼，他撰写了文字饱含深情、文风淡雅平静的论文《人被处以不同死刑种类时可能的疼痛体验》。

医学奖：威尔克斯大学的卡尔·J.卡内特斯基和小弗朗西斯·X.布兰那，以及华盛顿州西雅图穆扎克公司的詹姆斯·F.哈里森，他们发现在电梯里听录制的助兴音乐可以刺激人产生免疫球蛋白A，从而帮助人们预防感冒。

生物学奖：来自瑞士苏伊士大学医院、日本大阪的关西医科大学和捷克共和国的布拉格神经学技术研究中心的T.柳生和他的同事们，他们检测了人在咀嚼不同口味的口香糖时的脑电波。

经济学奖：日本千叶市Wiz公司的横井昭裕和东京万代公司的真板亚纪，电子宠物之父与电子宠物之母，以表彰他们让无数人的数百万小时工作时间成功花在了饲养虚拟宠物上。

昆虫学奖：佛罗里达大学的马克·霍斯泰特勒，他在他的学术著作《你车上的那滩小污迹》中教人如何鉴别撞到汽车车窗上的虫子。

天文学奖：美国新泽西州的理查德·霍格兰，他鉴别出月球和火星上的人造痕迹，包括火星上的一张人脸和月球背面一幢1.6万米高的建筑物。

物理学奖：德州农工大学的约翰·伯克利斯，他在冷核聚变、基本元素转化为黄金以及城市垃圾的电化学处理领域取得了广泛的成就。

气象学奖：纽约州立大学奥尔巴尼分校的伯纳德·冯内古特，他写出了深度挖掘实验结果的论文《从鸡的被拔毛程度测量龙卷风风速》。

文学奖：以色列人多伦·维兹特姆，埃利亚胡·利普斯和尤夫·罗森伯格，以及美国人迈克尔·卓思宁，他们用极细致的统计测试发现《圣经》包含一种隐藏密码。

通信奖：费城网络推广公司总裁桑福德·华莱士，无论刮风下雨下冰雹还是在一片漆黑的夜晚，这位自称信使的总裁都在不断地向全世界发送垃圾邮件。

1998年

和平奖：印度总理阿塔尔·比哈里·瓦杰帕伊先生和巴基斯坦总理纳瓦兹·谢里夫，他们具有挑衅意味地和平地试爆了核弹。

经济学奖：来自芝加哥的理查德·希德，他通过克隆自己和其他人为推动世界经济所作出了不懈的努力。

统计学奖：多伦多西乃山医院的杰拉德·贝恩和阿尔伯塔大学的凯利·西米诺斯基，他们经过仔细测量后撰写了论文《身高、阴茎长度和脚的大小之间的关系》。

生物学奖：宾夕法尼亚州盖茨堡大学的皮特·冯，他通过给蛤蜊喂百忧解（译注：一种抗抑郁药）为蛤蜊们的幸福生活作出了自己的贡献。

化学奖：法国的雅克·本维尼斯特，他从顺势疗法的角度发现，水不但有记忆，被记忆的信息还能通过电话线和互联网转移。

安全工程奖：来自安大略省北湾市的特洛伊·赫图拜斯，以表彰他设计并亲自实验了一套对灰熊非常有效的防熊盔甲。

医学奖：病人乙和他的医生们，威尔士纽波特皇家格温特医院的卡罗琳·米尔斯，迈瑞奥·卢埃林，大卫·凯利和皮特·霍尔特，他们撰写了具有警诫意义的医学报告：《一个弄伤了手指后就臭了5年的人》。

纽约大学荣誉教授德洛丽丝·克雷格，她展示了治疗之触——一种护士们通过操控病人的能量场并小心避免与病人直接接触来治疗病人的方法——的优越性。

物理学奖：加利福尼亚州拉由拉市乔普拉保健中心的迪帕克·乔普拉，他用独特的方式解读量子物理学，认为它可以应用到人们的日常生活、自由和对经济幸福的追求中去。

文学奖：华盛顿特区的玛拉·西多利博士，她撰写了颇具启发性的报告：《放屁是对难以言状的恐惧的一种防御手段》。

和平奖：南非约翰内斯堡的查尔·弗里和米歇尔·王，他们发明了汽车报警装置，装置由一个感应回路和一个火焰投射器组成。

化学奖：日本大阪安全调查局局长牧野武，他参与了一种叫做S-Check 的捉奸喷雾的研制，妻子们可以把这种喷雾喷在丈夫的内裤上。

医疗保健奖：美国纽约市的已过世的乔治·布朗斯基和夏洛特·布朗斯基，以及美国加利福尼亚州的桑·乔斯，他们发明了一种装置（美国专利号 #3，216，423）来帮助女性生产——产妇被固定在一个圆桌里面，然后这个圆桌会高速旋转。

环境保护奖：韩国首尔科朗公司的育和宛先生，他发明了自来香西装。

生物学奖：新墨西哥州立大学辣椒研究所所长保罗·博斯兰博士，他培育出了一种不辣的加拉潘椒。

文学奖：英国标准学会（BSI），他们用了6页说明（文件号BS-6008）来讲解如何正确地泡一杯茶。

社会学奖：多伦多约克大学的史蒂芬·彭福尔德，他的社会学博士论文是在加拿大的面包圈店里写的。

物理学奖：第一位获奖者是来自英国巴斯和澳大利亚悉尼的兰·费舍尔，他计算出了泡饼干最好的方法。

第二位获奖者是英国东英格利亚大学教授、比利时人让-马克·凡登-布洛克，他通过计算得知了制作一把壶嘴处不漏水的茶壶的方法。

医学奖：挪威斯图特市的阿维德·维特尔医生，他仔细收集、分类和思考他的病人在提交尿样时使用的容器种类。

科学教育奖：堪萨斯州教育局和科罗拉多州教育局，他们告诉孩子们相信牛顿的万有引力定律，相信法拉第和麦克斯韦的电磁场定律，相信巴斯德的微生物会致病理论，却不要相信达尔文的演化论。

2000年

心理学奖：康奈尔大学的大卫·邓宁和伊利诺斯大学的贾斯汀·克罗伊格，他们写了一份谦逊的报告：《无能且没意识到这种无能：无法正确认识自己的无能是如何导致自我膨胀的》。

和平奖：英国皇家海军，他们让士兵停止使用大炮，而以大喊一声"砰！"作为代替。

化学奖：比萨大学的冬娜泰拉·马拉兹提，亚力珊卓·罗西和乔瓦尼·B·卡萨诺，以及加州大学（圣地亚哥分校）的哈格普·S.阿吉斯卡尔，他们发现从生物化学的过程上来说，爱情和强迫症之间可能没什么分别。

经济学奖：文鲜明牧师，他为集体婚礼产业带来了效率和稳步的增长。根据他的报告，他1960年主持一场36对新人的婚礼，1968年主持的集体婚礼有430对新人，1975年的集体婚礼有1800对新人，1982年6000对，1992年30000对，1995年36万对，而1997年达到了3600万对。

医学奖：荷兰格罗宁根的威利布罗德·魏吉玛·舒尔茨，派克·凡安德尔和爱德华·摩亚特，以及阿姆斯特丹的伊达·萨贝里，他们撰写了富于启发性的报告：《男女性交过程中和女性性唤起时的核磁共振成像》。

公共卫生奖：苏格兰格拉斯哥的乔纳森·怀亚特，戈登·麦克诺顿和威廉·塔利，他们的报告《格拉斯哥厕所的坍塌问题》很有警示作用。

物理学奖：荷兰奈梅亨大学的安德烈·盖姆，和英国布里斯托尔大学的迈克尔·贝里爵士，他们利用磁铁让一只青蛙悬浮在空中。

计算机科学奖：亚利桑那州图森的克里斯·尼斯旺德，他发明了一种叫"猫爪感应"的软件，当猫从你的键盘上走过时它可以侦测到。

戴尔豪西大学的理查德·瓦赛苏格，他用第一手资料写成的报告《一些哥斯达黎加旱季蝌蚪的口味比较》很不错。

文学奖：澳大利亚的洁丝慕音（原名爱伦·格里夫），辟谷女大师，她写了一本叫做《以光为食》的书，书中解释说虽然有些人会进食，但其实他们根本不需要进食。

2001年

公共卫生奖：印度班加罗尔国家精神健康与神经学研究所的奇塔兰佳·安德雷德和B.S.斯里哈利，他们的探索性医学研究发现，挖鼻孔是青春期青少年经常进行的活动。

心理学奖：俄亥俄州迈阿密大学的劳伦斯·W·谢尔曼，他撰写了颇具影响力的研究报告：《学前班孩子小群体欢乐气氛的生态学研究》。

经济学奖：密西根大学商学院的乔尔·斯莱姆罗德，和英属哥伦比亚大学的沃依切赫·科普祖克，他们通过研究得出结论，假如晚死可以少缴遗产税的话人们会去找方法推迟自己的死亡时间。

和平奖：立陶宛格鲁塔斯的威利莫斯·马里诺斯克斯，他创建了那个叫"斯大林世界"的游乐园。

医学奖：麦吉尔大学的皮特·巴尔斯，他撰写了十分有力的医学报告：《由掉落的椰子造成的受伤情况》。

物理学奖：马萨诸塞大学的大卫·施密特，他部分地解决了洗澡时浴帘为何向内扬起的问题。

技术奖：两位获奖者分享这个奖项。第一位获奖者是澳大利亚维多利亚州霍索恩区的约翰·基奥，他在 2001 年申请了轮子的专利权。另一个获奖者是澳大利亚专利局，他们竟然批准了这个申请并将此专利定位创新专利（编号 #2001100012）。

天体物理学奖：杰克·范·英普事务所的杰克·范·英普博士和莱克希拉·范·英普，他们发现黑洞符合所有对地狱的技术性要求。

生物学奖：科罗拉多州普韦布洛的巴克·韦默，他发明了一种叫Under-Ease 的不透气内裤，内裤上有可更换的木炭过滤器，可以在难闻的气体逸出前就消灭它。

文学奖：英格兰波士顿的约翰·理查兹，"撇号保护协会"的创始人，他致力于保护、促进和保卫英语中复数（s）与所有格（'s）之间的区别。

2002年

生物学奖：英国的诺玛·E. 巴碧尔，查尔斯·G.M. 帕克斯顿，菲尔·鲍尔斯和 D. 查尔斯·迪明，他们写了一篇有趣的报告：《英国养殖场条件下鸵鸟向人类求爱的行为》。

物理学奖：慕尼黑大学的阿恩德·雷克，他证明了啤酒泡沫遵循指数式衰减定律。

跨学科研究奖：悉尼大学的卡尔·克鲁塞尔尼奇，他针对人们肚脐眼里的纺织物绒毛展开了全面的调查——什么人会有这种绒毛，什么时候粘上的，绒毛是什么颜色，量有多少。

化学奖：伊利诺依州尚佩恩沃尔夫勒姆研究公司的西奥多·格雷，他收集了许多许多元素周期表，然后把他们做成了一张元素周期表桌。

文学奖：内华达大学雷诺分校的维基·L. 希尔福斯和中央密苏里州立大学的大卫·S. 克雷那，他们撰写的报告《已经高亮标出的不恰当的重点部分对阅读理解的影响》生动有趣。

和平奖：日本 Takara 公司总裁佐藤庆太、日本听觉实验室主席铃木松美博士和木暮兽医医院执行董事木暮宣夫医生，他们发明了自动"狗语翻译机"（Bow-lingual），为促进物种间和平和谐共处作出了努力。

卫生学奖：西班牙塔拉戈纳的埃杜尔多·塞古拉，他发明了猫狗洗澡机。

经济学奖：安然公司、勒努特和豪斯匹公司（比利时）、埃德菲亚公司（Adelphia）、国际商业信贷银行（巴基斯坦）、胜腾集团、CMS 能源公司、杜克能源公司、达利智公司、俄罗斯天然气工业股份有限公司（俄罗斯）、环球电讯、HIH 保险公司（澳大利亚）、IBM 旗下 Informix、凯马特公司、麦克斯韦尔通讯公司（澳大利亚）、麦克森 HBO 公司、美林证券、默克药厂、Peregrine 系统公司、Qwest 通讯公司、Reliant

Resources 能源公司、Rent-Way 租借公司、Rite Aid 公司、Sunbeam 汽车公司、泰科国际有限公司、废物管理公司、世通公司、施乐公司的主管们，公司董事们和审计员们，以及亚瑟·安德森，他们将假想数字的数学概念应用到了商业世界中。（注：除非特别注明，否则以上公司皆为美国公司。）

医学奖：伦敦大学学院的克里斯·麦克马努斯，他写出了极具平衡感的报告《男性与古代雕塑的阴囊不对称研究》。

2003年

工程学奖：已故的约翰·保罗·斯塔普，已故的小爱德华·A. 墨菲和乔治·尼克尔斯，他们对 1949 年诞生的"墨菲定律"都做出了贡献。"墨菲定律"是工程学的基本准则，即"如果一件事情有两种或两种以上做法，其中一种会导致灾难性结局，则必然会有人选择这种做法"（换个简单点的说法就是，"凡是可能出错的事都会出错"）。

物理学奖：澳大利亚的杰克·哈维，约翰·卡尔凡纳，沃伦·佩恩，史蒂夫·考利，迈克尔·劳伦斯，大卫·斯图尔特和罗宾·威廉姆斯，他们撰写的报告让人难以抗拒：《将绵羊拖下不同表面所需力度的分析》。

医学奖：伦敦大学学院的埃莉诺·马奎尔，大卫·加迪安，英格里德·约翰斯鲁德，卡特里奥娜·古德，约翰·艾希伯纳，理查德·弗莱克维亚和克里斯托弗·弗里斯，他们证明了伦敦出租车司机的大脑比其他市民的更发达。

心理学奖：来自罗马大学的吉安·维托里奥·卡普拉和克劳迪奥·芭芭奈利，以及来自斯坦福大学的菲利普·津巴多，他们撰写了卓具洞见的研究报告《政治家的人格最简单》。

化学奖：金泽大学的广濑由纪夫，他对金泽市一座铜像进行了化学性研究并找到了这座雕像不吸引鸟类的原因。

文学奖：约翰·特林考斯，纽约市泽克林商学院的老师，以表彰他极为认真仔细搜集数据并发表超过 80 篇学术论文来详细阐述那些让他烦不胜烦的事，比如：百分之多少的年轻人戴棒球帽时把帽舌向后而不是向前；百分之多少的行人穿着白色运动鞋；百分之多少的游泳者就喜欢在浅水区游而不去深水区；百分之多少的司机把车停地离停车标志牌特别近但就不停在标志牌旁边；百分之多少的通勤族拿着公文包；百分之多少的购物者明明拿了超过数额限制的物品却还是要排在特快结算通道；百分之多少的学生不喜欢抱子甘蓝的味道。

经济学奖：卡尔·施瓦兹勒和列支敦士登公国，他们把"整国出租以供商业会议、婚礼、成人礼和其他聚会之用"的想法变成了现实。

跨领域研究奖：斯德哥尔摩大学的斯特凡诺·格兰达、里塞洛特·詹森和玛格努斯·安奎斯特，他们撰写了研究报告《小鸡爱俊男美女》。

和平奖：来自印度北方邦的拉尔·贝哈里，他达成了三项成就：第一，他过着充满活力的生活，尽管从法律意义上他已经死了；第二，他"死后"发起了一场轰轰烈烈的运动，抗议官僚主义和他贪得无厌的亲戚；第三，他成立了"死者协会"。

生物学奖：荷兰鹿特丹自然历史博物馆的 C.W. 莫伊莱克，他是人类历史上第一个科学地记录了绿头鸭的同性恋尸癖行为的人。

图书在版编目（CIP）数据

靠近点，科学是最性感的世界观／（美）亚伯拉罕斯
著；陈曦译. —杭州：浙江大学出版社，2014.6
ISBN 978-7-308-13079-0

Ⅰ.①靠… Ⅱ.①亚… ②陈… Ⅲ.①科学知识－普
及读物 Ⅳ.①Z228

中国版本图书馆CIP数据核字（2014）第067798号

靠近点，科学是最性感的世界观
[美] 马克·亚伯拉罕斯 著　陈曦 译　果壳 校订

策　　划	果壳阅读
文字编辑	杨苏晓
营销编辑	李嘉慧
装帧设计	熊琼工作室
出版发行	浙江大学出版社
	（杭州天目山路148号　邮政编码310007）
	（网址：http://www.zjupress.com）
排　　版	北京百川东汇文化传播有限公司
印　　刷	北京中科印刷有限公司
开　　本	880mm×1230mm　1/32
印　　张	9
字　　数	172千
版 印 次	2014年6月第1版　2014年12月第2次印刷
书　　号	ISBN 978-7-308-13079-0
定　　价	36.00元